ÜBER

DIE HEIMAT UND DAS ALTER

DES SOGENANNTEN

BRACHYLOGUS

NEBST UNTERSUCHUNGEN

ÜBER DIE

GESCHICHTE DER RECHTSWISSENSCHAFT IN FRANKREICH

AM ANFANGE DES MITTELALTERS

VON

Dr. HERMANN FITTING,

PROFESSOR DER RECHTE ZU HALLE.

BERLIN und LEIPZIG.

VERLAG von J. GUTTENTAG

(D. Collin).

1880.

Dem Forscher, dessen höchstes und einziges Ziel die Wahrheit ist, wird der Vorwurf wissenschaftlicher Unbeständigkeit stets leichter erträglich sein als der andere, sich blofs um einer einmal ausgesprochenen Meinung willen der besseren Erkenntnifs zu verschliefsen. Handelt es sich aber vollends um eine durch neues thatsächliches Material bewirkte bessere Erkenntnifs, so kann die Berichtigung der Ansicht überhaupt gar nicht mehr als Wankelmuth erscheinen, da es die natürlichste und einfachste Art des wissenschaftlichen Fortschrittes ist, dafs neue Thatsachen auch zu neuen Folgerungen führen; wohl aber wird es zur Pflicht, durch Mittheilung der gewonnenen neuen Ergebnisse den früheren Fehlgriff für die Wissenschaft unschädlich zu machen.

Ich trete daher ohne Bedenken mit dem Geständnisse hervor, dafs ich auf Grund gewichtiger neuer Thatsachen, in deren Besitz ich erst in der jüngsten Zeit gelangt bin, die in meiner Schrift über die sog. Turiner Institutionenglosse und den sog. Brachylogus (Halle 1870) aufgestellte Ansicht über den Ort und die Zeit des Brachylogus, wonach dieser um die Scheide des 10. und 11. Jahrhunderts in Rom entstanden wäre, nicht mehr aufrecht halten kann. Freilich nicht, um nun zu einer der bestehenden anderen Meinungen überzugehen; denn diese theilen sämmtlich mit jener den Grundfehler, die Heimat des Werkes in Italien zu suchen, während es mir jetzt zur Gewifsheit geworden ist, dafs dieselbe vielmehr in Frankreich liegt, und mindestens in hohem Grade wahrscheinlich, dafs der Entstehungsort Orléans war.

Ehe ich mich anschicke, diese Sätze zu begründen, will ich das angedeutete neue Material, aus dem ich meine Beweise zum gröfsten Theil schöpfen mufs, näher bezeichnen. Es ist das folgende:

1) Die in der Vaticanischen Handschrift enthaltenen Glossen zum Brachylogus. Die Böcking'sche Ausgabe gibt sie nur zum ersten Buche und zu den sieben ersten Titeln des zweiten, weil sie Böcking nur soweit durch eine von Karl Witte genommene Abschrift bekannt waren. Ich kenne sie aber jetzt vollständig aus einer gegenwärtig der Tübinger Universitätsbibliothek gehörigen sehr genauen Abschrift der Vaticanischen Handschrift des Brachylogus, die Schrader im April 1824 gemacht hat. Sie zerfallen in Interlinearglossen und Randglossen, und zwar so, dafs nicht, wie man nach Niebuhr's Berichte[1]) und der darauf gestützten Angabe Böcking's[2]) glauben kann, die letzteren, sondern vielmehr die ersten die weitaus überwiegende Zahl ausmachen. Uebrigens kommt darauf nichts an, weil beiderlei Glossen von gleicher Hand geschrieben sind, und zwar von der nämlichen, welche auch den Text geschrieben hat,[3]) und weil sie ferner keine innere Verschiedenheit aufweisen. Vielmehr ist es an vielen Stellen ganz offenbar, dafs blofs der Mangel an Raum oder eine andere ganz zufällige Rücksicht über die Stellung einer Glosse in die Reihe der Interlinear- oder der Randglossen entschieden hat.[4]) Beiderlei Glossen, von denen viele, namentlich die

---

1) Zeitschrift für geschichtliche Rechtswissenschaft III. S. 419.

2) Corpus legum sive Brachylogus p. LXXXV.

3) Die Vermuthung Niebuhr's, dafs die Interlinearglossen von späterer Hand geschrieben seien, ist nach dem Zeugnisse des Herrn Dr. Wenck, der die Güte gehabt hat, die Handschrift für mich einzusehen, nicht zutreffend. Nur die Dinte hat an verschiedenen Stellen der Handschrift verschiedene Färbung, und mitunter stehen zwischen schwarzdintigem Texte blafsdintige Glossen, was nichts weiter beweist, als dafs, wie sehr natürlich, der Schreiber die Glossen manchmal erst nachträglich einschrieb.

4) Zwei Beispiele werden genügen, um sich davon zu überzeugen. Ich will zuvor bemerken, dafs ich die Glossen eben so citire, wie es in der Böcking'schen Ausgabe geschieht, nämlich durch Angabe der Seite und Zeile dieser Ausgabe und sodann der Wörter, worauf sich die Glosse

meisten Randglossen, in der Senneton'schen Ausgabe, einzelne auch in der Wiener Handschrift des Brachylogus wiederkehren, enthalten zumeist blofse Sach- und Worterklärungen, haben also, wie schon Niebuhr sagt, durchweg den Charakter echter Scholien; doch geben sie mitunter auch die Gründe von Rechtssätzen an oder fassen den Inhalt des Textes in kurze Regeln zusammen. Ihrem Werthe nach bezeichnet sie schon Niebuhr, und mit vollem Rechte, als «im ganzen recht verständig gedacht und unterrichtet». Bemerkenswerth ist, dafs keinerlei Citate aus den Justinianischen oder anderen Rechtsbüchern vorkommen, mit Ausnahme der folgenden, bereits von Niebuhr hervorgehobenen Verweisung auf das Breviar:

> In libro II. Pauli capitulo XIIII. pactum nudum dicitur, si cautio creditori a debitore, in qua centesimam se soluturum promisit, sine stipulatione fiat. et ideo usure ex nuda cautione creditori penitus non debentur. 5)

Dem Sinne nach gehört diese Bemerkung zu Böck. 88, 10 *nuda*, sie steht aber in der Handschrift weit vorher vor der Rubrik: § De deposito neben Böck. 84, 10 *item si moram* etc., an einer Stelle, zu welcher sie ganz und gar nicht pafst. Sie ist daher ohne Zweifel als eine spätere Zuthat zu betrachten, zumal da sie in der Senneton'schen Ausgabe fehlt.

Eine weitere Ausnahme könnte man auf den ersten

---

bezieht. — Zu Böck. 42, 8 *si quis enim* etc. hat die Handschrift die Interlinearglosse: «Item differentia, quia in usucapione tantum mobilis continetur», zu Böck. 42, 10 *bona fide* dagegen die Randglosse: «§ Item differentia, quia hic non requiritur titulus». Der gleiche Charakter und Ursprung beider Glossen ist aber völlig handgreiflich und läfst sich um so weniger bezweifeln, als beide in der Handschrift, worauf die Senneton'sche Ausgabe beruht, gleichmäfsig in der Gestalt von Interlinearglossen gestanden haben. Noch beweisender ist folgendes. Zu Böck. 71, 1 *inventarium* steht als Interlinearglosse: «id est scriptus (*leg.* scriptum) quo continentur (*leg.* continetur)», am Rande in Gestalt einer selbständigen Randglosse: «§ Quicquid inventum est in hereditate»; beide Glossen bilden aber zusammen nur einen einzigen Satz, nämlich die Erklärung des Wortes inventarium, wie zum Ueberflusse daraus erhellt, dafs die gleiche Erklärung nochmals am Rande steht in folgender etwas veränderter Fassung: «§ Scriptum in quo quicquid inventum est in hereditate scribitur».

5) Von pactum an ist dieses wörtlich die Interpr. ad Paul. II, 14 sent. 1.

Blick geneigt sein, in einer umfassenden Glosse zu Böck. 46, 6 *Per auxilium* etc. zu finden, wo es am Schlusse heifst: «ait enim ius» und nun die Anfangsworte der L. 9 C. de legib. 1, 14 folgen. Allein in Wahrheit handelt es sich hier gar nicht um eine Glosse, sondern um die Nachtragung des Titels: De iuris et facti ignorantia, welcher im Texte der Vaticanischen Handschrift, wie auch in der Königsberger Handschrift fehlt.[6])

Wenn demnach der Mangel aller Citate aus Rechtsquellen für die Glosse in ihrer ursprünglichen Gestalt in der That als etwas ausnahmsloses betrachtet werden darf, so werden dagegen an einigen Stellen nichtjuristische Schriftsteller angeführt:[7]) Cicero und Augustinus in der Glosse zu Böck. 6, 2 *consuetudinis*, Isidor in derjenigen zu Böck. 6, 4 *rationem vincat*, Seneca in derjenigen zu Böck. 14, 5 *anni spatio*, endlich Augustinus nochmals in einer auf die Glosse zu Böck. 107, 14 *eodem modo dissolvi* etc. folgenden, zu keinem Worte des Textes passenden Bemerkung, welche in der Senneton'schen Ausgabe fehlt und so lautet:

§ Augustinus: mendatium est falsa vocis significatio cum voluntate fallendi.

Dafs diese Bemerkung einen späteren, und zwar ganz zufälligen Zusatz darstellt, ist offenbar. Wahrscheinlich sind aber auch die übrigen Glossen, welche solche Citate enthalten, als spätere Zuthaten anzusehen.[8])

Merkwürdig ist endlich die in der Handschrift neben dem libellus conventionis (Böck. 145, 1 sqq.) stehende Randglosse mit dem entsprechenden libellus contradictionis, in welchem, wie in jenem, die Hauptpersonen des Jugurthinischen Krieges als Parteien figuriren.[9])

---

6) S. unten S. 14.

7) Hienach ist die auf Mifsverständnifs von Niebuhr's Mittheilung beruhende Angabe Savigny's, Geschichte des röm. Rechts 2. Ausg. II. S. 252, dafs die Glosse fast nur Stellen aus Augustin, Seneca und Isidor anführe, zu berichtigen.

8) S. unten S. 11.

9) Die Glosse ist in der Böcking'schen Ausgabe p. 232 abgedruckt und dort als blofse Fortsetzung einer anderen, in der Vaticanischen Hand-

2) Die Cueser Handschrift des Brachylogus, auf welche ich bereits in der Zeitschrift für Rechtsgeschichte XI. S. 471 aufmerksam gemacht, und die ich seitdem im September 1877 an Ort und Stelle eingesehen und mit der Böcking'schen Ausgabe verglichen habe. (Ich werde sie in der Folge als «Cueser Brachylogus» bezeichnen.) Sie findet sich in einem Miscellanbande der an werthvollen Handschriften reichen Bibliothek des Hospitals zu Cues bei Berncastel an der Mosel, welcher gleich den meisten anderen dieser Handschriften von dem Stifter des Hospitals, dem gelehrten Cardinal Nicolaus Cusanus (1401—1464), herstammt. In dem neu begonnenen Handschriftenkatalog ist der Band unter Nr. 37 verzeichnet; in dem alten Kataloge, dem sich das von Kraus in Naumann's Serapeum 1864 und 1865 gegebene Verzeichnifs anschliefst, steht er unter III. (bei Kraus C.) SS. Patres et Scriptores ecclesiastici als Nr. 14. Ausführlich ist er beschrieben von Joseph Klein: Ueber eine Handschrift des Nicolaus von Cues nebst ungedruckten Fragmenten Ciceronischer Reden (Berlin 1866).[10]) Er enthält 332 Pergamentblätter von 27,8 und 19—20 Centim., die mit Ausnahme des kleineren und deshalb übersehenen Bl. 134 in neuester Zeit eine Foliirung mit Bleistift erhalten haben. Sie waren, wie der mit dem Wappen des Cusanus versehene alte Einband zeigt, mindestens schon zu seiner Zeit zu einem Bande vereinigt, gehörten aber, abgesehen von einer durch weit gröfsere und jüngere Schrift ausgezeichneten, 18 Blätter (Fol. 228—245) umfassenden Partie, an deren Spitze ein Citat aus Gratian's Decret steht,[11]) wahrscheinlich von Anfang an als ein

---

schrift selbständigen und erst später folgenden zu Böck. 146, 13 *contradictionis libello* gezogen. In der genannten Handschrift beginnt sie erst mit dem Worte «Libellus».

10) Vgl. noch Kraus in der Tübinger Theol. Quartalschrift 1866 S. 479 ff. und in der Oesterreich. Vierteljahrsschrift für kath. Theol. VIII. (Wien 1870) S. 1 ff.

11) «HINCMARUS ARCHIEPISCOPUS REMENSIS de quo XI. q. III. excellentissimus.» Dies ist unzweifelhaft eine Verweisung auf c. 102 Excellentissimus C. XI. q. 3: Nicolaus papa Hincmaro (Igmaro *Friedb.*) Remorum

Ganzes zusammen, weil sie sämmtlich in je zwei Spalten zu 70—72 Zeilen und in sehr nahe verwandter kleiner und zierlicher, allem Anscheine nach gleichzeitiger Schrift geschrieben sind.

Der Brachylogus, reichend von Fol. 330 (eigentlich 331) r. col. II. bis Fol. 331 (332) r. col. II., macht den Schlufs des Bandes. Er folgt unmittelbar auf mehrere Schriften Anselm's des Peripatetikers (verfafst zwischen 1047—1056); doch ist er von anderer Hand geschrieben und kündigt sich auch durch Beginn einer neuen Spalte sowie durch Weglassung des ersten Buchstabens für den Miniator und Ausführung der beiden folgenden in Majuskel als ein selbständiges Werk an. Die Schrift wird auf Grund einer von mir gemachten Durchzeichnung einiger Zeilen von Herrn Professor Schum der ersten Hälfte des 12. Jahrh. zugewiesen.

Das Werk, welches in der Handschrift leider mitten in §. 8 des Titels de donationibus II, 13 mit den Worten: «huiusmodi autem donaciones id est dos et propter nupcias donacio» abbricht, hat in derselben weder eine Ueberschrift noch eine Titelabtheilung. Nur der Beginn des zweiten Buches ist durch Vorsetzung der Rubrik: «De rebus divini iuris vel humanis», der einzigen überhaupt vorkommenden, ersichtlich gemacht. Ferner fehlt jede Art von Glossen.

3) Ein Auszug aus dem Brachylogus, den ich in dem nämlichen Bande entdeckt habe. (Ich citire ihn in der Folge als «Cueser Auszug».) Auf ein Fol. 275 (276) r. beginnendes Werk des Hincmar von Reims ohne Ueberschrift[12]) folgen nämlich Fol. 303 (304) r. Excerpte aus Augustinus, woran sich Fol. 305 (306) r. col. I. mitten in Zeile 6 von gleicher Hand und anscheinend als blofse Fortsetzung ein juristisches Stück anschliefst, nach welchem

---

archiepiscopo. Schon hieraus erhellt, dafs das Stück nicht vor der zweiten Hälfte des 12. Jahrh., also nicht, wie Klein und Kraus meinen, im 11. Jahrh. geschrieben sein kann.

[12]) Es ist das Opusculum LV capitulorum: bei Migne, Hincmari Opp. t. II. p. 282—494.

dann wieder, blofs durch ein Paragraphenzeichen getrennt, jedoch anscheinend von anderer Hand, Excerpte aus Augustinus kommen. Die Schrift hat denselben Charakter wie in dem beschriebenen Bruchstücke des Brachylogus und kann unbedenklich in die nämliche Zeit gesetzt werden.

Die juristische Partie fängt an mit der Rubrik: «De lege Iustiana *(sic!)* que Novella appellatur», gibt aber unter dieser Ueberschrift seltsamer Weise ein Capitel der Lex Alamannorum nach der jüngsten Recension.[13]) Darauf folgen unter den Rubriken: «De litteris dimissoriis», «De convivio (*leg.* convitio) appellatoris» und «De possessoribus appellantibus» mehrere Stellen aus dem Breviar, nämlich Paul. V, 36 sent. 1 et 2, V, 37 sent. 3, endlich ein aus Paul. V, 38 sent. 1 und der Interpretatio derselben zusammengesetztes Stück. Hieran reiht sich nun, beginnend mit der Rubrik: «De dominiis rerum» und den Worten: «Queruntur dominia rerum vel iure naturali vel iure civili», der Auszug aus dem Brachylogus, welcher von Lib. II. tit. 2 bis Lib. III. tit. 2 sich erstreckt.

Von dem Worte «civili» an folgt er dem Brachylogus eine Weile wörtlich und gibt die Titel 3—12 so vollständig, dafs die geringen Auslassungen von vornherein nicht als willkürliche betrachtet werden können und der Auszug für diese Partie geradezu den Charakter einer neuen Handschrift des Brachylogus hat. Von Tit. 13 an wird er dagegen im Vergleiche mit dem Texte des Brachylogus, wie ihn die übrigen Handschriften und die meisten Ausgaben haben, sehr sparsam und dürftig und scheint sich mitunter mit einer blofsen Inhaltsangabe zu begnügen;[14]) die Titel 14, 16, 18, 21—31, 33, 35—37 fehlen gänzlich. Doch dürfen auch diese Lücken aus später zu erörternden Gründen nicht schlechthin und nicht sämmtlich auf Willkür zurückgeführt werden. Titel 1 des dritten Buches findet

---

13) Nämlich c. LXXXIII. der Lex Alamannorum (ed. Merkel in Mon. Germ. hist. Legg. III. p. 163).

14) So heifst es z. B. anstatt Br. II, 20 §. 1 nur: «Impubes, furiosus aut prodigus non testantur».

sich wieder mit Ausnahme des ersten Satzes vollständig, dagegen hat von Titel 2 der Auszug nur noch die drei ersten Wörter: «Pactum vero est».

Die Titel sind durch Rubriken von einander gesondert, und zwar wesentlich durch die nämlichen, welche auch in der Böcking'schen Ausgabe vorkommen.[15] Jedoch ist die Titelabtheilung mitunter eine andere. So steht z. B. die Rubrik: «De inventione», entsprechend der Vaticanischen und der Königsberger Handschrift, vor Br. II, 3 §. 2, die Rubrik: «De ignorantia» vor Br. II, 12 §. 4, die Rubrik: «De legitima hereditate» vor Br. II, 32 §. 3.

Eine Vergleichung dieses neuen Materials mit dem schon früher bekannten lehrt vor allen Dingen, dafs die Böcking'sche Ausgabe mit ihrer durchgeführten Eintheilung in Titel von der ursprünglichen Gestalt des Brachylogus kein richtiges Bild gibt. Es ist vielmehr zweifellos, dafs das Werk Anfangs keine solche Eintheilung gehabt, sondern dieselbe erst später dadurch erhalten hat, dafs neben anderen Glossen auch Hinweisungen auf den Inhalt einzelner Partieen an den Rand gesetzt wurden. So fehlen im Cueser Brachylogus und in der Breslauer Handschrift alle Rubriken, dort mit Einer, hier mit zwei einzelnen Ausnahmen, gänzlich. Aehnlich scheint das Verhältnifs in der Wiener Handschrift zu sein.[16] Auch in der Vaticanischen kommen nur dreimal (zu Br. I, 1, I, 4, III, 1) in den Text

---

[15]) Doch trifft man auch auf Abweichungen. So hat z. B. Br. II, 8 nur die Rubrik: «De traditione», Br. II, 9 die Rubrik: «De civili iure», Br. II, 17 die Rubrik: «Quid per servos, quid per liberos» u. dgl.

[16]) Eine sehr genaue Beschreibung dieser Handschrift (jetzt Cod. 2237 der Wiener Hofbibliothek in Octav) verdanke ich der Güte des Herrn Prof. Sickel in Wien und eines seiner Schüler, Herrn Fr. Zimmermann. Die Schrift weist nach Sickel's Urtheil auf italienischen Ursprung hin und kann füglich in die Mitte des 12. Jahrh. gesetzt werden. Was die hier schwebende Frage anlangt, so ist in der Beschreibung nur von «Ueberschriften der einzelnen Bücher und Initialen der Kapitel», aber nicht von Rubriken der letzteren die Rede. Böcking's Beschreibung (p. LXXXVII) schweigt von dem Punkte gänzlich.

selbst eingesetzte Rubriken vor; alle übrigen stehen blofs als Glossen am Rande. Desgleichen hat endlich nach Böcking p. LXXXIX seq. die Königsberger Handschrift die Rubriken nicht sämmtlich im Texte, sondern theilweise am Rande; dieselben sind aber überhaupt viel weniger zahlreich als in den Ausgaben und grofsentheils erst von neuerer Hand beigefügt. Dazu kommt noch, dafs weder in der Abgrenzung der Titel noch in der Fassung der Rubriken eine Uebereinstimmung zu bemerken ist. Ich habe darauf schon oben in der Beschreibung des Cueser Auszuges hingewiesen, und die nähere Betrachtung der Böcking'schen Ausgabe liefert zahlreiche weitere Belege. Hienach erhellt, dafs Schlüsse, wie ich sie früher aus der Titelabtheilung gezogen habe,[17] preisgegeben werden müssen.

Ein weiteres für die Zwecke der gegenwärtigen Untersuchung nicht unwichtiges Ergebnifs ist die Bestätigung der Thatsache, dafs der Brachylogus auf einer Schule (oder mehreren Schulen) als Lehrbuch, und zwar als Grundlage für den elementaren Rechtsunterricht gedient hat. Zu diesem Schlusse führt freilich schon der Brachylogus selbst, besonders die Art der Verweisung auf die Digesten und Institutionen in Br. I, 15 §. 7, in Br. II, 11 §. 8, endlich und namentlich in Br. IV, 32 §. 20:

> Et haec nos summatim de publicis iudiciis dixisse sufficiat. alioquin in libris digestorum seu pandectarum *diligentior disciplina* paratur.

Durch die Vaticanische Glosse aber wird die Thatsache völlig gesichert und über jeden denkbaren Zweifel erhoben. Denn man lese nur z. B. Bemerkungen, wie diejenige zu Br. I, 1 §. 8 (Böck. 2, 11): «Haec divisio (nämlich in ius naturale, gentium und civile) est secundum constituentes», oder diejenige zu Br. I, 3 §. 1 (Böck. 6, 10) *Summa itaque divisio:* «quia secundum ius gentium est. alia dicitur sequens vel secundaria, quia secundum ius civile est», oder diejenige zu Br. II, 14 (Böck. 52, 8) *ea quae in iure*

---

17) Tur. Glosse u. Brachyl. S. 59.

consistunt: «id est quae omne suum esse habent ex iure, scilicet quasi visa sunt iura», ferner Erklärungen, wie zu Böck. 80, 3 diejenige des Wortes actio als petitio, des Wortes exceptio als defensio, oder zu Böck. 111, 7 diejenige der lex XII tabularum als pars iuris civilis, endlich die fast bei jedem im Brachylogus vorkommenden Namen einer Klage wiederkehrende Glosse: «nomen actionis»! Dieses alles und unzähliges anderes der Art verräth doch unverkennbar die Herkunft aus der Schule und dem Anfangsunterrichte. Dabei deuten mehrfache zusammentreffende Momente noch auf eine nahe Beziehung zu der Grammatik, Dialektik und Rhetorik. Neben der Güte der Darstellung und dem Geschicke im Definiren, wodurch sich sowohl der Brachylogus als die Glosse auszeichnen, sind hiefür besonders beweiskräftig die Anklänge an Sallust in dem bereits erwähnten libellus conventionis und dem entsprechenden libellus contradictionis, diejenigen an Cicero in Br. IV, 9, 14, 15, endlich die früher (S. 4) schon erwähnten Citate aus Cicero, Augustinus, Isidor und Seneca in der Glosse. Man darf daraus mit Wahrscheinlichkeit schliefsen, dafs der Brachylogus auf einer Schule entstanden und gebraucht worden ist, wo auch die genannten Wissenszweige betrieben und gelehrt wurden. [18])

Endlich ergibt sich aus einer sorgfältigen Untersuchung des gesammten jetzt vorliegenden Materials noch ein drittes, was für meine Zwecke nicht ohne Bedeutung ist: nämlich die Erkenntnifs, dafs, noch abgesehen von der oben berührten Titelabtheilung, das Werk wie seine Glosse eine längere Entwickelungsgeschichte gehabt hat und erst allmählich zu dem Umfange angewachsen ist, in welchem wir jenes aus den Ausgaben, diese aus der Senneton'schen Ausgabe und der Vaticanischen Handschrift kennen.

In Betreff der Glosse wird die allmähliche Entstehung zur Genüge dadurch bewiesen, dafs neben einem beträchtlichen gemeinsamen Glossenbestande in der Vaticanischen

---

[18]) Diese Folgerung hat schon Niebuhr a. a. O. (Anm. 1) gemacht. S. auch Böcking p. LXXXVI.

Handschrift zahlreiche Glossen vorkommen, welche der Senneton'schen Ausgabe fehlen, und hinwiederum in dieser manche, welche jener abgehen. Aufserdem ist sie aber auch schon aus der gedachten Handschrift für sich allein deutlich zu erkennen. Denn öfters stehen die Glossen in falscher Reihenfolge und manchmal ziemlich weit entfernt von der Stelle, zu der sie gehören, was sich doch wohl nur daraus erklären läfst, dafs später beigefügte Glossen dahin geschrieben wurden, wo eben noch Platz war. Durch Verweisungszeichen mag dann allgemeiner, als dieses in die Vaticanische Handschrift übergegangen ist, für das leichtere Auffinden und die richtige Beziehung gesorgt worden sein. Diese Erklärung wird dadurch unterstützt, dafs die Glossen, welche eine solche falsche Stellung zeigen, zum Theil auch ihrem Charakter nach von den anderen sich merklich unterscheiden, was namentlich von den bei Böcking p. 202 abgedruckten Glossen zu Böck. 6, 2 *consuetudinis* und Böck. 6, 4 *rationem vincat* mit den Citaten aus Cicero, Augustin und Isidor gilt. Endlich, und das scheint mir für die Thatsache der allmählichen Entstehung vollends entscheidend, begegnet man sogar einzelnen Glossen zu Glossen. So folgt auf die (auch in der Senneton'schen Ausgabe stehende) Glosse zu Böck. 125, 9 *praecones* in f.: «Scribae: qui scribunt gesta» die andere (in dieser Ausgabe fehlende): «§. Nota gesta dicuntur scripta de aliquo negocio per scribam publicum facta ante iudicem». Diese Bemerkung pafst zu keinem Worte des Textes und kann sich daher nur auf das letzte Wort jener ersten Glosse beziehen.

Wie sich aber durch länger fortgesetzten Gebrauch des Buches beim Unterrichte die Glossen nach und nach vermehrt haben, so hat es auch in seinem Texte vielfache Erweiterungen erfahren. Zunächst in der Weise, dafs ursprüngliche Glossen nachher theils durch Irrthum der Abschreiber, theils, wie es scheint, auch absichtlich in den Text aufgenommen worden sind. Der Beweis hiefür wird vornehmlich durch den Cueser Auszug geliefert, welcher mannigfache Bestandtheile enthält, die sich theils durch ihren Charakter, theils auch durch die Vergleichung mit der Vaticanischen Handschrift und der Senneton'schen Ausgabe mit Bestimmtheit als ursprüngliche Glossen zu erkennen geben.

Ihrem Charakter nach erweisen sich als blofse Glossen z. B. die folgenden (durch Einklammerung und Cursivschrift kenntlich gemachten) Zusätze zum Texte, die in allen übrigen Handschriften fehlen:

Br. II, 4 in f. (Böck. 35, 8): si quis in patrimoniali [*Cesaris*] vel fiscali loco invenerit [*id est rei publice campo*].

Br. II, 11 §. 2 (Böck. 44, 13): tunc enim et interdicto [*proprium nomen*] unde vi infra annum utilem — — agere poterit.

Br. ibid. in f. (Böck. 45, 1): prestet estimationem [*et*[19]) *tantumdem valens*].

Br. II, 11 §. 6 (Böck. 45, 5): In connumerandis autem temporibus etiam auctorum[20]) tempora [*a quibus habent*] successoribus prosunt.

Folgende andere in den Text des Cueser Auszuges übergegangene Zusätze tragen in der Senneton'schen Ausgabe und der Vaticanischen Handschrift ihre Eigenschaft als blofser Glossen auch äufserlich zur Schau:

Br. II, 7 §. 3 (Böck. 38, 2): sed si quidem bone fidei sit possessor qui edificaverit [*id est putans suum esse*] necessarios et utiles sumptus dominus ei restituere compelletur [*utiles: ut si servus in faciendo artibus*[21]) *instruantur*]. Man vergleiche damit: glo. 38, 2 *bonae fidei* und 38, 4 *utiles* bei Böcking p. 210.

Br. II, 11 §. 7 (Böck. 46, 5): restitui postulent. [*Restitutio integrum*[22]) *est ius quo sententia pretoris certis*

[19]) Zu lesen: id est.

[20]) austrorum *Ep. Cus.*

[21]) Zu lesen: servi in faciendis artibus.

[22]) Zu lesen: in integrum.

ex causis ius civile rescinditur.] Vgl. glo. 45, 9 *restitutionem i. i.* bei Böcking p. 212.

In den Text verirrte ursprüngliche Glossen lassen sich aber nicht blofs im Cueser Auszuge, sondern auch in anderen Handschriften erkennen. So ist z. B. der Zusatz in Br. I, 11 §. 3 (Böck. 19, 5): propter ius postliminii [*id est legem reversionis*], der in der Wiener, Breslauer und Cueser Handschrift sowie in allen Ausgaben fehlt, offenbar nichts weiter als eine solche Glosse. Ebenso das Wort damno, welches in Br. I, 14 §. 7 (Böck. 25, 1) die genannten Handschriften auf das Wort periculo folgen lassen.

Endlich stöfst man in der Ausgabe von Boniatus, welcher eine selbständige, in Bourges gefundene Handschrift zu Grunde lag, auf viele unverkennbare ursprüngliche Glossen.[23])

Unter diesen Umständen wird man umgekehrt das, was in dem Cueser Auszuge im Vergleiche zu anderen Handschriften fehlt, nicht überall ohne weiteres als willkürliche Auslassung betrachten dürfen, am wenigsten da, wo das fehlende seinem Charakter nach auf eine ursprüngliche Glosse schliefsen läfst und der Auszug sonst den Brachylogus wortgetreu wiedergibt, oder wo gar auch noch andere Handschriften den gleichen Mangel aufweisen. Hierher gehört folgendes:

Br. II, 7 §. 1 fehlen in der Ep. Cus. die Worte: «per alluvionem — — adiciatur», die sich schon durch den Mangel jeder verbindenden Partikel in den Handschriften — das «enim» findet sich nur in den Ausgaben — als einen späteren Zusatz kundgeben.

Br. II, 7 §. 8. Die Schlufsworte: «quicquid — — cedit» fehlen in der Ep. Cus., wie auch in der Vaticanischen und Breslauer Handschrift und in der Ausgabe des Boniatus.

---

23) Man vgl. z. B. Böcking p. 10 not. h, p. 12 not. h, p. 13 not. t, a, p. 16 not. d, h, p. 17 not. d (cf. p. 206 gl. 17, 7 *ut is qui*), e u. a.

Br. II, 8 §. 2 läſst die Ep. Cus. die Definition von possessio vermissen.

Br. II, 11 §. 4, 5. Die beiden als Stücke des Textes überflüssigen und geradezu störenden Definitionen von vis fehlen in der Ep. Cus. wie in der Königsberger Handschrift.

Man wird aber noch weiter gehen und anerkennen müssen, daſs der Brachylogus nicht allein durch kleinere Zusätze und Erklärungen, sondern sogar durch spätere Einschaltung gröſserer Partieen erweitert worden ist. Denn anders wird es sich kaum erklären lassen, daſs solche Partieen in mehreren Handschriften übereinstimmend fehlen, in der Vaticanischen aber zum Theil in der Gestalt von Randglossen nachgetragen sind. So fehlen in der Königsberger wie auch im Texte der Vaticanischen Handschrift und stehen nur als Glossen am Rande der letzteren die folgenden Stücke: Br. I, 9 §. 2 von «nec ulla» bis «non contrahunt», ferner Br. I, 9 §. 4, endlich und noch viel auffälliger der ganze Titel Br. II, 12 De iuris et facti ignorantia. In der Ausgabe des Boniatus fehlen z. B. Br. II, 9 §. 5 (fehlt auch in der Breslauer Handschrift), Br. II. 9 §. 6 von «item» bis «possunt», Br. II, 11 §. 7 von «etiam» bis «postulent» und §. 8, Br. II, 13 §. 11—14, II, 16 §. 4, 5, II, 19 §. 2 bis II, 27, II, 28 §. 2 verb. «item in legato» bis II, 35, II, 36 verb. «quod quo modo» bis II, 37. Endlich mangelt der erste Satz von Br. III, 1 §. 1. Nun ist es auffallend, daſs in den nämlichen Partieen auch der Cueser Auszug sehr lückenhaft ist, und daſs seine Lücken sich sogar vielfach mit denjenigen der genannten Ausgabe decken, wiewohl er in der Beschaffenheit seines Textes wenig Verwandtschaft mit ihr hat.[24]) Dem gegenüber wird man selbst diese Lücken des Auszuges nicht allenthalben bloſser

[24]) So fehlen auch in dem Auszuge: Br. II, 9 §. 5, 6, II, 11 §. 7 von «etiam» bis «aetatis», II, 13 §. 11 und §. 12 von «ingratitudinis» an (freilich auch §. 4—9 und der gröſste Theil des §. 10), II, 16, II, 19 §. 1—3, II, 21 bis 32 §. 2, II, 33, 35—37 und der erste Satz von III, 1 §. 1.

Willkür zur Last legen dürfen, sondern sie — wenigstens zu einem Theil — aus entsprechenden Lücken in gewissen, ohne Zweifel vornehmlich älteren Recensionen des Buches erklären müssen.

Vollends entscheidend zu Gunsten dieser Annahme scheint mir aber folgender Umstand. In Br. II, 32 De codicillis steht als §. 3 folgender Satz:

> Legitima hereditas est quae ab intestato defertur. intestatus decedit qui aut nullum testamentum fecit aut non iure fecit, vel cuius testamentum ruptum irritumve factum est.

Ein solcher Satz paſst zu diesem Platze in keiner Weise und steht auch mit dem unmittelbar auf ihn folgenden Titel 33: De iniusto irrito et inofficioso testamento in keinem Zusammenhange; sondern er erhält seine naturgemäſse Fortsetzung erst im Titel 34: De hereditatibus quae ab intestato deferuntur. Schon hieraus ergibt sich, daſs er mit diesem Titel ursprünglich in unmittelbarer Verbindung gestanden haben muſs. Dafür zeugt auch, daſs es dem Titel 33 schon an und für sich, und selbst obigen Satz weggedacht, sprachlich wie sachlich an jeder Vermittelung mit dem Vorhergehenden und dem Nachfolgenden fehlt. Nun gibt aber vollends der Cueser Auszug jenen Satz nach einigen Bemerkungen über die Formen der Testamente und die Testirfähigkeit (Br. II, 19 §. 4, 5, II, 20 §. 1, 2) unter der besonderen Rubrik: «De legittima hereditate» und läſst ihm in natürlichem Anschlusse unmittelbar die Anfangsworte des jetzigen Tit. 34 in nachstehender Fassung folgen:

> Intestatorum hereditas primo loco liberis legittimis deferunt (*leg.* defertur).

Nach allem diesem kann, wie mir dünkt, kein Zweifel bestehen, daſs der jetzige Titel 33 erst nachträglich eingeschoben ist. Und zwar wird er, wie das in ähnlichen Fällen jetzt noch die Vaticanische Handschrift zeigt, Anfangs in Gestalt einer Glosse an den Rand gesetzt worden sein und dann durch Versehen der Abschreiber seine jetzige unglückliche Stellung hinter dem Satze: «Legitima hereditas — — factum est» anstatt vor demselben erhalten haben. Zugleich rechtfertigt sich der Schlufs, dafs dem Cueser Auszuge eine der ältesten Recensionen des Brachylogus zur Grundlage gedient habe.

Die Ergebnisse der bisherigen Erörterungen lassen sich dahin zusammenfassen, dafs der Brachylogus längere Zeit hindurch auf einer Schule oder auch mehreren Schulen als Lehrbuch beim juristischen Anfangsunterrichte gebraucht worden ist und dabei sowohl in seinem Texte als in seinen Glossen nach und nach mancherlei Wandlungen, insbesondere Vermehrungen erfahren hat. Diese Annahme wird noch unterstützt durch die grofsen Verschiedenheiten, welche der Text in den verschiedenen Handschriften zeigt.

Mindestens Eine jener Schulen läfst sich nun mit Hülfe der Vaticanischen Glossen genauer bestimmen. Zu Br. III, 20 §. 4 verb.: «si equum mihi usque ad certum locum commodatum longius duxero» stehen nämlich als Interlinearglossen über «certum locum» die Worte «ut carnotum», über «longius duxero» die Worte «usque normanniam». 25) Als Beispiel ist also der Fall gesetzt, dafs ein zum Gebrauche bis Chartres geliehenes Pferd in die Normandie mitgenommen wird. Dieses weist mit Nothwendigkeit auf einen Ort unweit Chartres, von dem über Chartres der Weg nach der Normandie geht, denn sonst würde doch das Beispiel aller Natürlichkeit und Anschaulichkeit entbehren. Beide Merkmale treffen aber, wenn man sämmtliche Orte erwägt, von denen allenfalls die Rede sein könnte, allein bei Orléans zu. An Paris zu denken verwehrt der Umstand, dafs von dort aus der Weg nach der Normandie über Chartres ein grofser Umweg wäre.

25) In der Schrader'schen Abschrift steht «carnetum»; allein die Handschrift hat nach der auf sorgfältige Prüfung der Stelle gestützten Mittheilung des Herrn Dr. Wenck zweifellos «carnotum».

Man kann es demnach als eine genügend gesicherte Thatsache hinstellen, dafs die beiden genannten Interlinearglossen in Orléans (oder allenfalls auch in unmittelbarer Nähe dieser Stadt, wie z. B. in Fleury) entstanden sind. Erwägt man aber, dafs mit Ausnahme einzelner, schon nach äufseren Rücksichten als spätere Zuthat zu betrachtender Stücke[26]) die Glossen der Vaticanischen Handschrift sprachlich wie sachlich durchweg einen einheitlichen Charakter zeigen, so ist man mit ausreichender Wahrscheinlichkeit zu dem weiteren Schlusse berechtigt, dafs mindestens der ganze Grundstock der Vaticanischen Glosse aus einem und demselben Orte, also gleichfalls aus Orléans, stamme. Die Interlinearglosse zu Böck. 52, 1 *sub condicione:* «veluti si ita datum sit, si rex venerit in Italiam» (Böcking p. 214) liefert natürlich keinen Gegenbeweis, sondern kann eher zur Unterstützung dienen. Auch die Interlinearglosse «romani» zu Böck. 80, 12 *populi* macht keine Schwierigkeit. Eben so wenig das Beispiel einer Erbeinsetzung: «Pandulfus heres esto» in der Interlinearglosse der Senneton'schen Ausgabe zu Böck. 59, 4 *directo* (Böcking p. 215), zumal da diese Glosse in der Vaticanischen Handschrift fehlt und daher leicht von anderer Herkunft sein könnte.

Es tritt noch hinzu, dafs die Vaticanische Handschrift des Brachylogus zu der Bibliothek der Königin Christine von Schweden gehörte, sämmtliche alte juristische Handschriften dieser Bibliothek aber aus dem Kloster Fleury bei Orléans hergekommen zu sein scheinen.[27]) Dieses zeigt wiederum unmittelbar auf die Benutzung des Brachylogus in den Schulen in oder bei Orléans hin und verstärkt die Vermuthung, dafs die gesammte in jener Handschrift enthaltene Glosse ihr Dasein einer dieser Schulen verdanke.

Wenn aber der gröfste Theil der auf uns gekommenen alten Glossen des Brachylogus aus Orléans herstammt, so läfst sich von vornherein mit einer ziemlichen Wahrscheinlichkeit auf die gleiche Heimat des Werkes selber

26) S. oben S. 11.

27) S. Haenel, Lex Rom. Visigoth. p. XXVII not. 53.

schliefsen, besonders wenn man die enge Verwandtschaft bedenkt, welche zwischen ihm und jenen Glossen nach Inhalt und Ausdruck besteht. Diese Wahrscheinlichkeit mufs sich zu einer sehr starken Vermuthung steigern, sobald der Nachweis gelingt, dafs der Brachylogus seinen Ursprung in keinem anderen Lande als Frankreich gehabt haben könne.

In dieser Hinsicht wird nun zuvörderst bei unbefangener Erwägung zugegeben werden müssen, dafs die Gegenüberstellung des longobardischen Capitulare und der Leges Romanae in Br. IV, 4 §. 18:

> Quod autem clericus adversus laicum testis esse non possit vel econtra, in *capitulari legis Longobardicae* cautum est, in *legibus* autem *Romanis* non memini me invenisse, immo contrarium in multis locis constitutum esse cognovi

für die Entstehung des Werkes im lombardischen Italien gar nichts beweist, besonders wenn man anstatt «in capitulari legis Longobardicae» mit der Vaticanischen Handschrift «in capitulari Longobardiae» liest. Der Rechtssatz, um welchen es sich hier handelt, war doch gewifs merkwürdig und wichtig genug, um auch aufserhalb Italiens die Aufmerksamkeit auf sich zu lenken und die Frage anzuregen, ob er auch dort und überhaupt allgemein gelte. Wenn aber der Verfasser des Brachylogus die Entscheidung dieser Frage aus dem römischen Rechte zu gewinnen gesucht hat, so erweckt dieses sogar die Vermuthung, dafs ihm das longobardische Capitulare nicht aus eigener Anschauung bekannt gewesen sei. Denn sonst hätte er wissen müssen, dafs darin jener Rechtssatz auf ein Gesetz Ludwig's des Frommen zurückgeführt wird, und wäre daher schwerlich auf den Gedanken gerathen, nach demselben in dem römischen Rechte zu suchen.[28]) Will man also die Stelle

---

[28]) Die Stelle des Capitulare, auf welche hier angespielt wird (Lib. Papiens. Lud. P. 57), ist übrigens kein echtes Gesetz Ludwig's d. Fr., sondern ein unechtes Stück aus Pseudo-Isidor. S. Boretius in Mon. Germ. hist. Legg. IV. p. LXVII, LXVIII.

überhaupt zu einem Schlusse auf die Heimat des Buches verwerthen, so spricht sie in der That weit eher gegen als für die Herkunft aus der Lombardei und bildet mithin für die Annahme der Abfassung in Frankreich keinerlei Hindernifs. Es wird demnach nur erforderlich sein, positive Gründe zu Gunsten dieser Annahme beizubringen.

Ein solcher, und zwar höchst schwerwiegender Grund liegt vor allem in dem Umstande, dafs der Cueser Auszug die Stellen aus dem Brachylogus unmittelbar an Stellen aus der Lex Alamannorum und aus dem Breviar anreiht. Da diese beiden Gesetzbücher in Italien niemals gegolten haben,[29]) so kann demnach der Auszug nur in Frankreich entstanden sein. Daraus ergibt sich die Annahme gleicher Heimat des Brachylogus selbst als ein naheliegender Wahrscheinlichkeitsschlufs.

Zu dieser äufseren Rücksicht kommt aber völlig durchschlagend noch eine innere, aus dem Inhalte des Brachylogus selbst geschöpfte hinzu. Nämlich eine sehr merkwürdige Benutzung des Breviars neben derjenigen der Justinianischen Gesetzbücher. Diese bisher viel zu wenig beachtete Erscheinung mufs zunächst genauer dargelegt werden.

Am stärksten sind von den Bestandtheilen des Breviars die Sententiae des Paulus benutzt, namentlich im strafrechtlichen Theil: Br. IV, 31, 32.[30]) An Einer Stelle, die allerdings wohl als ein nachträglicher Zusatz zu betrachten ist,[31]) nämlich in Br. II, 11 §. 5, wird Paulus (I, 7 sent. 7)

---

29) In Ansehung der Lex Alamannorum bedarf es hiefür keines besonderen Beweises; hinsichtlich des Breviars vgl. man Haenel, Lex Rom. Visigothorum p. XCVIII sq. S. auch unten S. 21.

30) Man vergleiche Br. II, 17 §. 4 mit Paul. V, 2 sent. 2, Br. III, 20 §. 3 mit Paul. II, 31 sent. 3, Br. IV, 25 §. 6 verb. ita demum etc. mit Paul. II, 10, Br. IV, 28 §. 2, 3 (über das interd. unde vi) mit Paul. V, 6 sent. 5; bes. aber Br. IV, 31 §. 1 mit Paul. V, 19 sent. 2, Br. IV, 32 §. 2 mit Paul. V, 27 sent. 1, 2, Br. IV, 32 §. 3 mit Paul. V, 25 sent. 1, Br. IV, 32 §. 7 mit Paul. V, 28 sent. 3 in f., Br. IV, 32 §. 9 mit Paul. V, 31, Br. IV, 32 §. 10 mit Paul. V, 32, Br. IV, 32 §. 16 mit Paul. V, 24 sent. 2. (Ich gebe die Citate aus dem Breviar nach der Ausgabe von Hänel.)

31) S. oben S. 14.

auch noch ausdrücklich citirt. Endlich ist die Verwechslung des exercitor mit dem magister navis in Br. IV, 25 §. 1 (und entsprechend in der Vaticanischen Interlinearglosse zu der Stelle: «exercitor dicitur navis magister») ohne Zweifel veranlafst durch Paul. II, 6 De exercitoribus:

> Filiusfamilias si voluntate patris navem exerceat, patrem in solidum ob ea quae salva receperit obligat.

In meiner Schrift über die Turiner Glosse und den Brachylogus S. 95 habe ich als wahrscheinlich angenommen, dafs hiebei nicht das Breviar, sondern das echte Werk des Paulus selbst als Quelle gedient habe. Allein diese Vermuthung mufs ich fallen lassen, nachdem ich gefunden habe, dafs der Brachylogus auch aus anderen Stücken des Breviars, namentlich aus der Interpretatio zu Stellen des Codex Theodosianus geschöpft hat.[32]) Endlich kann ich jetzt auch die Stelle in Br. III, 13 §. 5:

> Liberi autem hominis licet multi alii contractus esse non possint, tamen emptio et venditio contrahi potest, non solum inter ignorantes sed etiam inter scientes, scilicet cum pater *propter inevitabilem famis necessitatem* filium vendit,

welche Ficker aus der longobardischen Rechtssprache abzuleiten versucht hat,[33]) zurückführen auf die Interpretatio zu Nov. Valent. III. tit. XI:

> — — quicunque ingenui filios suos in qualibet necessitate seu *famis tempore vendiderint, ipsa necessitate compulsi,* emptor si quinque solidis emit, sex recipiat etc.[34])

---

[32]) So in IV, 32 §. 1 aus Int. L. un. Th. C. si quis eam cuius tutor 9, 5 und Int. L. un. Th. C. de mulier. quae se servis 9, 6; in IV, 32 §. 3 verb. item eadem lege etc. aus Int. L. 1 et 3 Th. C. de maleficis 9, 13; in IV, 32 §. 5 aus Int. L. un. Th. C. ad L. Fab. 9, 14; in IV, 32 §. 6 aus L. 1 Th. C. ad L. Iul. repet. 9, 21; in IV, 32 §. 12 aus Int. L. un. Th. C. de his qui latrones 9, 22.

[33]) Ficker, Ueber die Zeit und den Ort der Entstehung des Brachylogus iuris civilis. Wien 1871. (Bes. Abdruck aus dem Märzhefte des Jahrg. 1871 der Sitzungsberichte der phil.-hist. Classe der Wiener Akad. LXVII, S. 581.) S. 52 (630) ff.

[34]) Vgl. noch L. un. Th. C. de patr. qui filios 3, 3, L. un. Th. C. de his qui sanguinol. 5, 8.

Auffällig ist dabei noch die eigenthümliche Verquickung von Elementen des Breviars und der Justinianischen Rechtsbücher, wie sie mitunter in einer und derselben Stelle zum Vorschein kommt. So ist z. B. Br. IV, 32 §. 4 aus der Interpr. L. un. Th. C. de parric. 9, 12 und aus §. 6 Inst. de publ. iud. 4, 18, Br. IV, 32 §. 6 anscheinend aus der rubr. C. I, 49 und aus L. 1 Th. C. ad L. Iul. rep. 9, 21, Br. IV, 32 §. 9 aus Paul. V, 31 und aus §. 3 Inst. de publ. iud. 4, 18 zusammengesetzt.

Dieses alles weist mit Bestimmtheit darauf hin, dafs die Schule, deren Erzeugnifs der Brachylogus ist, ursprünglich von dem Breviar ausgegangen und erst später zu einer Berücksichtigung auch der Justinianischen Gesetzbücher übergegangen war, dafs sie folglich einem Lande angehörte, in welchem Anfangs nur das westgothisch-römische Gesetzbuch gegolten und erst allmählich auch die Justinianische Gesetzgebung Eingang gefunden hatte.[35] Das pafst aber blofs zu Frankreich und nicht zu Italien, wo das Breviar niemals zur Geltung und nicht einmal zu irgend einer Beachtung gelangt war.[36] Allerdings hätte es nach Savigny's Annahme seit Karl d. Gr. doch auch in Italien einen gewissen Einflufs gewonnen; allein diese Ansicht beruht blofs auf der jetzt allgemein als irrig anerkannten und später (Bd. VII. S. 27 ff.) von Savigny selbst aufgegebenen Meinung, dafs die sog. Lex Romana Utinensis lombardischer Herkunft sei. Zudem räumt Savigny ein, dafs jener Einflufs nur ein geringer und vorübergehender gewesen sei, und man könnte daher, selbst wenn man sich auf seinen Stand-

---

35) Völlig entscheidend scheint mir dafür namentlich die Gleichsetzung des exercitor mit dem magister navis. Eine von Anfang an auf dem Corpus iuris fufsende Schule hätte Angesichts des §. 2 Inst. quod cum eo 4, 7 diesen Fehler gewifs nicht gemacht, während er bei einer von dem Breviar ausgehenden im Hinblick auf Paul. II. 6 leicht begreiflich ist. Auch die ausdrückliche Verweisung auf das Breviar in der Vaticanischen Glosse (s. oben S. 3) kommt noch in Betracht.

36) S. Haenel l. c. (Anm. 29), Savigny, Röm. Rechtsgesch. II. S. 270, III. S. 504 fg., Ficker, Forschungen zur Reichs- und Rechtsgeschichte Italiens III. S. 67. Auch in der Schule des longobardischen Rechtes zu Pavia stöfst man auf keine Spur einer Benutzung des Breviars. S. Boretius in praef. ad Librum Papiensem: Mon. Germ. hist. Legg. IV. p. LXXXVIII seqq.

punkt stellen wollte, von Seite eines in Italien schreibenden Juristen anstatt der eingehenden Benutzung des Breviars, wie sie der Brachylogus zeigt, höchstens eine ganz beiläufige Berücksichtigung desselben erwarten, etwa in der Art, wie im Brachylogus die longobardische Gesetzgebung berücksichtigt ist. Schlechterdings unbegreiflich wären aber vollends Abweichungen vom sachlichen Inhalte der Justinianischen Gesetzgebung zu Gunsten des Breviars, wie man sie z. B. in Ansehung des interdictum unde vi anerkennen müfste. Am allerwenigsten liefse sich die Umarbeitung der ganzen strafrechtlichen Partie nach Mafsgabe des Breviars und somit mehrfach im Sinne viel gröfserer Strenge begreifen, da doch der Brachylogus selbst (IV, 31 §. 2) ausdrücklich sagt: «Omnes autem poenae tam publicorum iudiciorum quam etiam privatorum molliendae sunt, non exacerbandae». In ganz anderem Lichte stellt sich alles dar, wenn man von Frankreich als der Heimat des Werkes ausgeht; was vorhin als unwahrscheinlich und unbegreiflich erschien, mufs dann gerade als das natürliche und von vornherein zu vermuthende erscheinen.

Man wird demnach die Entstehung des Brachylogus in Frankreich als eine feststehende Wahrheit betrachten dürfen, wodurch denn zugleich die für die Abfassung in Orléans sprechenden Wahrscheinlichkeitsgründe zu ihrem vollen Gewichte gelangen.

Es kann nur noch die Frage entstehen, ob sich nicht dasjenige, was uns von der Geschichte der Rechtswissenschaft in Frankreich bekannt ist, einem solchen Ergebnisse unvereinbar widersetze, und es wird daher unerläfslich, auch darüber eine kurze Rechenschaft zu geben.[37]

37) Benutzt ist dabei aufser Savigny's Geschichte des röm. Rechts im Mittelalter namentlich die Histoire litéraire de la France par des Religieux Benedictins de la Congregation de S. Maur. Paris 1733 ss. und die gediegene Arbeit von Ozanam: La civilisation chrétienne chez les Francs (5. éd. = Oeuvres compl. 4. éd. tome IV.) Chap. IX. Les écoles. (p. 456—654). Doch habe ich auch einiges aus den Quellen neu beibringen können.

Im vierten Jahrhundert und noch am Anfange des fünften standen in Gallien die Studien in schöner Blüthe, und der Ruf der namentlich für Stil und Redekunst berühmten Schulen zog die Jugend sogar auch aus anderen Theilen des römischen Reiches herbei. Für das Rechtsstudium freilich war der Hauptsitz fortwährend in Rom, und wer eine gründliche Bildung erwerben wollte, begab sich daher, nachdem er in Gallien seine grammatischen und rhetorischen Studien vollendet, zum Studium des Rechtes nach der Reichshauptstadt.[38]) Dafs aber doch auch in Gallien das Recht betrieben und gelehrt wurde, beweist folgende merkwürdige auf Narbonne sich beziehende Stelle des Sidonius Apollinaris im elogium Narbonis (carm. XXIII.) vers. 446 seqq.:

sive ad doctiloqui Leonis aedes,
quo bis sex tabulas docente iuris
ultro Claudius Appius taceret
claro obscurior in decemviratu.[39])

Man wird überhaupt annehmen dürfen, dafs in Gallien, wie in den übrigen Theilen des Reiches, an allen höheren Unterrichtsanstalten neben Grammatik und Rhetorik mindestens auch die Anfangsgründe der Rechtswissenschaft gelehrt wurden, besonders da sich diese Einrichtung auch noch in den späteren Zeiten nachweisen läfst.[40])

---

38) Vgl. z. B. Constantius in Vita S. Germani nr. 1 (Acta Sanct. Boll. Iul. VII. p. 202): «Ut in eum perfectio literarum plena conflueret, post auditoria Gallicana intra urbem Romam iuris scientiam plenitudini perfectionis adiecit». Germanus lebte von c. 378 bis 448. Weitere Belege bei Gothofred. in Comm. ad L. 3 Th. C. de stud. lib. urb. Rom. 14, 9 und bei Conring, Diss. ad L. 1 C. Th. de stud. liber. urb. Rom. Helmestad. 1674 §. XII. (Auch in Opp. tom. VI. p. 8.)

39) Wenn Rudorff zu Puchta's Institutionen I. §. 55 not. c hierin sogar den Beweis erblickt, dafs man zu Narbonne noch im 5. Jahrh. die zwölf Tafeln besessen habe, so scheint mir dieses im Hinblick auf die gesuchte und rhetorische Schreibweise des Sidonius doch sehr gewagt.

40) Dieser Nachweis wird im weiteren Verlaufe geliefert werden. Hinsichtlich der letzten Jahrhunderte des Alterthums vgl.: L. 3. §. 1 Th. C. de stud. liberal. urb. Rom. 14, 9 (a. 425); Cassiodor. Var. IX, 21 (c. a. 534): «ut successor *scholae liberalium literarum*, tam *grammaticus* quam *orator* nec non et *iuris expositor*, commoda sui decessoris — — percipiat»;

Im Laufe des fünften Jahrhunderts beginnt in Gallien der Verfall der Wissenschaft, und seit dem Ende desselben macht er in Folge der Eroberung Galliens durch die noch gänzlich barbarischen Franken rasche Fortschritte, bis endlich um die Mitte des 8. Jahrh. unmittelbar vor dem durch das Eingreifen Karl's d. Gr. bewirkten Umschwunge der Stand der Bildung auf die niedrigste Stufe herabgesunken ist. Gleichwohl gab es zu allen Zeiten und selbst während der tiefsten Finsternifs Personen, welche sich mit der Wissenschaft beschäftigten, und Schulen, an denen man, wenn auch in kümmerlicher Weise, die Kenntnisse, die zufolge der Ueberlieferungen des sinkenden Alterthums zur höheren Bildung gerechnet wurden, nach Mafsgabe dieser Ueberlieferungen erwerben konnte.[41]) Insbesondere blieb es die Sitte der Vornehmen, ihre Söhne in den Wissenschaften unterrichten zu lassen.[42])

Iustiniani Sanctio pragm. c. 22 (a. 554); Venant. Fortunat. de vita S. Martini I. vers. 29 seqq.:

Parvula *grammaticae* lambens refluamina guttae,
Rhetoricae exiguum praelibans gurgitis haustum,
Cote ex *iuridica* cui vix rubigo recessit.

Auch Justinian's const. Omnem §. 7 kommt in Betracht als Beweis, dafs am Anfange des 6. Jahrh. Rechtsunterricht an vielen Orten ertheilt wurde. In besonderer Rücksicht auf Gallien s. Hist. litér. tom. II. p. 3; Kaufmann, Rhetorenschulen und Klosterschulen in Raumer's Histor. Taschenbuch 1869 S. 13 fg., 17.

41) S. Ozanam p. 478 ss., 529, 530 ss., 542 ss., 594 s., 621 s., Kaufmann a. a. O. S. 74 ff., bes. S. 79 fg., 85 fg.

42) S. Venant. Fortunat. (Opp. cur. Migne) Miscell. VI, 4 de Chariberto rege:

Cum sis progenitus clara de stirpe, Sicamber,
Floret in eloquio lingua latina tuo.

Ferner: Vita S. Pauli Verodunensis († c. a. 647) nr. 1 (auctore coaevo) ap. Mabillon, Acta Sanctor. ord. S. Bened. Saec. II. p. 268 seq.: «Liberalium studiis literarum, *sicut olim moris erat nobilibus,* traditur imbuendus, ut non eum grammaticae seu dialecticae vel etiam rhetoricae caeterarumque disciplinarum fugerent ingenia»; Vita S. Attalae (ibid. p. 123): «Hic ex Burgundionum genere nobilis natione fuit. — — Itaque cum patris studio nobili liberalibus literis imbutus fuisset, Arigio cuidam pontifici a genitore commendatus est»; Vita S. Wallarici (auctore quodam VIII. saeculi) ibid. p. 77: «Nam cum esset in Alvernica regione ortus et adhuc puerulus, — — audivit in locis vicinorum propinquis *qualiter nobilium parvulorum mos est doctoribus instruere scholas»*; Vita S. Wandregisili (auctore coaevo) cap. II. (ibid. p. 535): «Cumque adolescentiae polleret aetas in annis, sub praefato rege Dagoberto militaribus gestis ac aulicis disciplinis *quippe ut nobilissimus nobiliter educatus est,* et crescentibus

In Ansehung der Rechtswissenschaft sind die Nachrichten verhältnifsmäfsig spärlich; trotzdem reichen sie aus, um zu erkennen, dafs die Kenntnifs des Rechtes fortwährend geschätzt und das Studium desselben, ebenso wie früher, mit demjenigen der Grammatik und der übrigen artes liberales verbunden war.

So preist gegen Ende des 6. Jahrh. Venantius Fortunatus (Opp. cur. Migne: Miscell. VI, 4, VII, 10) den König Charibert und den Magnulphus wegen ihres juristischen Wissens. Desgleichen hebt Gregor von Tours (Hist. Franc. IV, 24) an einem gewissen Celsus († 570), welchem der König Guntram von Orléans die Würde des Patriciates verlieh, die Rechtskenntnifs besonders hervor («Celsum patriciatus honore donavit — — iuris lectione peritum»). Ferner erzählt er (Hist. IV, 47) von einem Unfreien, Andarchius, welcher dadurch, dafs er mit seinem Herrn wissenschaftliche Studien betrieb, eine für die damalige Zeit erhebliche Bildung, und zwar eine Kenntnifs des Vergil, des römischen Rechtes nach dem Breviar und der Mathematik erlangt hatte.[43]

Aus dem Anfange des 7. Jahrh. wird berichtet, dafs damals der Heil. Desiderius, gebürtig in der Gegend von Toulouse, Bischof zu Cahors 629—654, zur Erlangung einer vollkommenen Bildung, ganz wie dies in den letzten Jahrhunderten des Alterthums geschah, zuerst Grammatik und Rhetorik, dann das römische Recht studirt habe, wobei nach der ganzen Fassung der Stelle sicher an schulmäfsigen

sanctae vitae moribus *cunctisque mundanarum rerum disciplinis imbutus* a praefato rege Dagoberto comes constituitur palatii». Man beachte auch die übrigen bei Ozanam p. 548 beigebrachten Belege aus dem 7. und 8. Jahrhundert.

43) Gregor. Turon. Opp. ed. Ruinart p. 188: «Hic (Andarchius) — — Felicis senatoris servus fuit, qui ad obsequium domini deputatus ad studia literarum cum eo positus bene institutus emicuit; nam de operibus Virgilii, *legis Theodosianae libris* arteque calculi ad plene eruditus est». Vgl. Ozanam p. 479 s. Seine Rechtskenntnifs beweist dann auch Andarchius nach der weiteren Erzählung in einer Weise, die freilich seinem Charakter wenig Ehre macht. S. auch noch Vita S. Ebrulfi (auctore perantiquo) ap. Mabillon, Acta Sanctor. ord. S. Bened. Saec. I. p. 354 seq.: «Qui mira velocitate divina et humana percurrens studia etiam adhuc puer ipsos magistros dicitur praecessisse doctrina. — — Oratoris quippe facundia praeditus *ad agendas causas* inter aulicos residebat doctissimus».

Unterricht zu denken ist.[44] In einer Nachricht über die Jugendjahre des Heil. Bonitus, Bischofs von Clermont in der Auvergne am Ende des 7. Jahrh., besitzen wir aber sogar ein ganz bestimmtes und ausdrückliches Zeugnifs, dafs im 7. Jahrh. auf einer Schule zu Clermont die Grammatik und das römische Recht nach dem Breviar gelehrt wurden.[45] Eine andere Nachricht läfst für die gleiche Zeit auf Unterweisung im canonischen Rechte an der Klosterschule zu Poitiers schliefsen.[46]

Deutet schon die Art, wie dieses alles erzählt wird, und die Uebereinstimmung aller dieser Erzählungen auf nicht vereinzelte Erscheinungen hin, so kommt noch hinzu, dafs im 7. und 8. Jahrh. auch auf den englischen Schulen der Rechtsunterricht ein ungesondertes Stück des höheren Unterrichtes ausmachte.[47] Man ist um so mehr berechtigt, darin eine damals ganz allgemeine Einrichtung zu erblicken, weil dieselbe Verbindung des Rechtsunterrichtes mit dem höheren Unterrichte überhaupt noch im 11. Jahrh. in Frankreich wie in Italien als eine allgemeine Einrichtung

---

44) Vita S. Desiderii Caturc. episc. cap. I. (Labbe, Nov. biblioth. manuscr. libr. tom. I. p. 699): «Desiderius vero summa parentum cura enutritus literarum studiis ad plenum eruditus est. quorum diligentia nactus est post literarum insignia studia gallicanamque eloquentiam (quae vel florentissima sunt vel eximia contubernii regalis adductis inde dignitatibus), *ac deinde legum romanarum indagationi studuit*, ut ubertatem eloquii gallicani nitoremque gravitas sermonis romana temperaret». (Man verbinde damit S. Hieronymi Epist. 125 (ed. Bened. 95) ad Rusticum monachum cap. 6 (Opp. acc. Migne tom. I. = Patrol. tom. XXII. col. 1075) und die oben in Anm. 40 mitgetheilten Stellen.) Vgl. auch die in Anm. 42 abgedruckte Stelle aus der Vita S. Pauli Verodunensis.

45) Vita S. Boniti nr. 3 (Mabillon, Acta Sanctor. ord. S. Bened. Saec. III. p. I. p. 90): «Postea vero cum natus adolevisset et esset praefata cum parentibus in urbe constitutus, grammaticorum imbutus initiis nec non *Theodosii edoctus decretis* ceterosque coaetaneos excellens a sophistis probus atque praelatus est».

46) Vita S. Aicadri († 687) cap. I. et VII. (Mabillon, Acta Sanctor. ord. S. Bened. Saec. II. p. 954 et 956): «Post ablactationem pueri summa cum diligentia tradiderunt (parentes) illum ad erudiendum cuidam viro sapientia famosissimo, nomine Ansfrido, praedictae civitatis ex monasterio S. Hilarii coenobitae. — — Quia idem vir Aicadrus liberalibus studiis ad plene erat eruditus, *canones etiam non ignorabat*».

47) Savigny, Röm. Rechtsgesch. I. S. 467, Ozanam p. 585, 610.

wiederkehrt. Zudem weisen auch die grofsentheils in der vorkarolingischen Zeit im fränkischen Reiche verfafsten Formelbücher auf schulmäfsigen Rechtsunterricht und auf die Verbindung desselben mit der Rhetorik und Dialektik hin.[48]) Nicht minder läfst die wahrscheinlich zu Lyon zwischen dem 7. und 9. Jahrh. entstandene sog. Epitome Lugdunensis, welche, ebenso wie die in der nämlichen Handschrift enthaltenen Glossen zum Breviar, unverkennbar die Herkunft aus einer Schule verräth, auf das Dasein von Schulen, an denen das Recht gelehrt wurde, in dem gedachten Zeitraum schliefsen.[49]) Auch die übrigen, im 8. Jahrh. gemachten Auszüge aus dem Breviar kommen wenigstens insofern in Betracht, als durch sie eine Beschäftigung mit diesem Gesetzbuche bewiesen wird, welche nicht wohl anders als durch die Bedürfnisse schulmäfsigen Unterrichtes erklärbar ist.[50]) Endlich geben die in vielen Handschriften des Breviars enthaltenen, grofsentheils aus Festus, Paulus Diaconus, Nonius Marcellus, Boëtius, Augustinus, Priscianus, besonders aber aus Isidor's Origines geschöpften Glossen die enge Beziehung des Rechtsstudiums zu den grammatischen Studien zu erkennen.[51])

Da nun der Rechtsunterricht an den Schulen der höheren Bildung niemals gänzlich erloschen war, so mufste

---

48) Namentlich gilt dieses von der Vorrede zu der um die Mitte des 7. Jahrh. entstandenen Formelsammlung des Marculfus, wo der Verfasser ausdrücklich sagt, er wisse wohl, dafs viele «prudentissimi viri et *eloquentissimi ac rhetores* et ad dictandum periti» seine Arbeit gering achten würden; er habe aber nicht für solche geschrieben, sondern «ad exercenda initia puerorum». Vgl. Stobbe, Geschichte der deutschen Rechtsquellen I. S. 242, Rockinger, Briefsteller und Formelbücher des 11.—14. Jahrh. (Quellen zur bayer. u. deut. Gesch. Bd. IX.) Abth. I. S. XIV—XXIII, wo (S. XIX) mit vollem Recht auch auf Alcuin's Disputatio de rhetorica hingewiesen wird, in welcher die Verbindung der Rhetorik mit dem Rechte besonders klar zu Tage kommt.

49) S. Haenel, Lex Rom. Visigoth. p. XXVIII seq., 461 seq. Auf p. XXIX spricht Hänel auch noch aus anderen Gründen die Vermuthung aus, dafs in Lyon das Rechtsstudium auch in der fränkischen Zeit geblüht habe.

50) S. Haenel, Lex Rom. Visigoth. p. XXV seqq.

51) S. Haenel, Lex Rom. Visigoth. p. XXIV, 459 seqq., Savigny, Gesch. des röm. R. I. S. 465, II. S. 58.

die neue durch Karl d. Gr. herbeigeführte Blüthe der Wissenschaft auch dem Rechtsstudium zu gute kommen. Einen Beweis dafür, dafs gleich zu seiner Zeit auch dieser Zweig der Studien einen Aufschwung nahm, wird man in der ihm selbst gewidmeten Sammlung juristischer Abbreviaturen von Magno, Erzbischof zu Sens 801—818, erblicken dürfen, die sogar in merkwürdiger Weise ein Interesse selbst für die antiquarische und gelehrte Seite des römischen Rechtes kundgibt.[52]) Jedenfalls ist gewifs, dafs auch in diesem Zeitalter auf den höheren Schulen mit dem wissenschaftlichen Unterrichte überhaupt, insbesondere mit der Unterweisung in Rhetorik und Dialektik, eine Unterweisung im Rechte verbunden war. Dies erhellt aus dem Gedichte

---

[52]) Diese Notae iuris sind neuerdings herausgegeben von Theod. Mommsen bei Keil, Grammat. lat. IV. p. 285 seqq. — Als weitere, noch merkwürdigere Beweise, dafs im früheren Mittelalter in Frankreich eine vom Breviar unabhängige Tradition und sogar praktische Benutzung vorjustinianischen Rechtes bestand, will ich bei dieser Gelegenheit erwähnen:

1) den Gebrauch den vorjustinianischen Formel: «Ita do ita lego ita testor» etc. in einem Testamente aus dem Ende des 7. Jahrh. S. Savigny II. S. 119.

2) die nach der Einleitung zu den Novellae Theodosii zu vermuthende Bekanntschaft des Verfassers der sog. Epitome Lugdunensis (7.—9. Jahrh.) mit den vollständigen Werken des Paulus und Gaius, die im Breviar excerpirt sind. Vgl. Haenel, Lex Rom. Visigoth. p. 255 Ep. Lugd. not. d.

3) die Benutzung der Collatio bei Hincmar von Reims, welche nach gewissen Anzeichen daraus zu erklären ist, dafs dieselbe mit dem Breviar in einer und derselben Handschrift verbunden war. S. Savigny II. S. 282 fg.

4) die Benutzung des echten Theodosischen Codex in der sog. Scintilla: Haenel, Lex Rom. Visigoth. p. XXVI, ferner in der Capitulariensammlung des Benedictus Levita und in den Nachträgen der Capitulariensammlungen: Savigny II. S. 104, 106.

5) die Verbindung der Ulpianischen Fragmente mit dem Breviar in einer im 10. Jahrh. in Frankreich geschriebenen Handschrift: Haenel, Lex Rom. Visigoth. p. XLV.

6) die Benutzung der Consultatio in dem gegen Ende des 11. Jahrh. verfafsten Decrete des Ivo von Chartres: Savigny II. S. 311.

Diese Erscheinungen können vielleicht einen Fingerzeig geben zur Erklärung der Nachklänge sehr alten römischen Rechtes, denen man in dem nachweisbar in Frankreich entstandenen Libellus de verbis legalibus begegnet. Vgl. meine Jurist. Schriften des früheren MA. (Halle 1876) S. 42 fg.

Theodulf's, Bischofs zu Orléans seit c. 794, gest. 821: De septem Liberalibus in quadam pictura depictis, welches überhaupt interessante Aufschlüsse über den damaligen Stand der Studien gibt.[53] Durch ein anderes Gedicht Theodulf's, die um 799 geschriebene sog. Paraenesis ad Iudices, wird auch das damalige Vorhandensein in der juristischen Dialektik geübter, also methodisch geschulter Sachwalter dargethan.[54] Als weitere Anzeichen schulmäfsigen Rechtsunterrichtes mögen die Umstände erwähnt sein, dafs in einer von Rozière aus einer Handschrift der Leydener Universitätsbibliothek herausgegebenen, vom Jahr 805 datirten Formel als Mitglied der Curie zu Bourges unter anderen ein «professor» genannt wird, und dafs der Urheber der vor 838 in der Gegend von Tours oder Orléans entstandenen sog. Scintilla für nöthig gefunden hat, aus einem im Breviar fehlenden Titel des echten Theodosischen Codex ein von der Immunität der Aerzte und der Lehrer handelndes Excerpt in sein Werk aufzunehmen.[55] Endlich zeigen die neuerdings von Maafsen veröffentlichten Glossen des canonischen Rechtes aus dem karolingischen

---

53) Migne, Theodulfi Opp. (Patrolog. tom. CV.) col. 333. Die hierher bezügliche Stelle lautet:

Rhetorica atque foro dextram protensa sedebat,
Turritae atque urbis fabrica stabat ei,
Iura quod eloquio peragit civilia magno
Litibus et populi dedere frena solet.

54) Ibid. col. 295:

Cum perplexa forum resonabit causa per omne,
Lasset ut ambiguo teque suosque suo,
Indic causidicis ab utraque silentia parte,
Ne ius perturbent dum sua quisque boat,
Cumque viris paucis, omni reticente caterva,
Rem bene volve libens atque revolve diu.

An einer früheren Stelle des nämlichen Gedichtes (col. 286) erzählt Theodulf von seiner und des Laidradus Thätigkeit als Missi Karl's d. Gr.:

Quo synodo cleri legum moderamine plebis
Pectora contudimus iuris et *artis* ope.

Dieses kann doch wohl nicht anders als von einer durch methodischen Betrieb gewonnenen geschulten Kenntnifs des Rechtes verstanden werden.

55) Rozière, Formulae Andegavenses. Paris 1844. p. 45. Haenel, Lex Rom. Visigoth. p. XXVII, 240.

Zeitalter, dafs am Ende des 8. oder Anfange des 9. Jahrh. im westlichen Frankenreiche das canonische Recht schriftstellerisch bearbeitet und schulmäfsig gelehrt wurde.[56]) Dabei wird durch eine starke Benutzung der Origines des Isidor wiederum eine enge Beziehung zu den grammatischen Studien, durch die Entlehnung einer Glosse aus der Interpretatio des Breviars sowie durch einige andere Glossen die Kenntnifs des römischen Rechtes nach dem Breviar erwiesen.[57])

Dafs in der Zeit nach Karl d. Gr. die Rechtsstudien nicht erloschen, erhellt genugsam aus der verhältnifsmäfsig grofsen Anzahl des römischen Rechtes kundiger Personen, denen man seit Karl d. Gr. im fränkischen Reiche begegnet. Aufser Magno, Theodulf und Alcuin gehören hierher Agobardus († 840), Hincmar von Reims († 882), Abbo, Vater des Odo Cluniacensis (10. Jahrh.), Abbo von Fleury († 1004), Burchard von Worms († 1025) u. a.

Aus dem 11. Jahrh. wird wieder ganz bestimmt bezeugt, dafs in Italien und in Frankreich an allen höheren Schulen das römische Recht in Verbindung mit Grammatik, Rhetorik und Dialektik gelehrt wurde. In Rücksicht auf Italien geht dieses aus der Lebensbeschreibung des Lanfrancus (geb. 1005), dem Tetralogus des Wipo (aus dem J. 1041) und der Rhetorimachia Anselm's des Peripatetikers (zwischen

---

56) Friedr. Maafsen, Glossen u. s. w. Wien 1877. (Bes. Abdruck aus dem Novemberhefte des Jahrg. 1876 der Sitzungsberichte der phil.-hist. Cl. der Wiener Akad. Bd. LXXXIV. S. 235.) Wegen des Alters der Glosse s. S. 8 ff., wegen der Heimat S. 20, wegen des vermuthbaren Ursprunges aus einer Schule S. 25.

57) Die Benutzung des Isidor wird dargethan durch glo. 14 canon. apost. aus Isid. Orig. XVIII, 16 nr. 1, glo. 21 ibid. aus Isid. XVIII, 60. S. ferner glo. 6 can. conc. Nicaeni, wahrscheinlich aus Isid. V, 18; glo. 6 can. conc. Chalced. aus Isid. V, 22; glo. 6 decr. Innoc., doch wohl aus Isid. IX, 5 nr. 23, 24; glo. 7 ibid. aus Isid. V, 25 nr. 9. Endlich scheint sich auch glo. 3 decr. Gelas. an Isid. XV, 2 nr. 28 anzulehnen. Kenntnifs des römischen Rechtes geht hervor aus glo. 1 can. conc. Chalc. und glo. 10 can. conc. Afric. Der Interpr. L. 7 Th. C. de cognit. et procur. 2, 12 ist wörtlich entnommen glo. 4 can. conc. Carthag.: «Procurator est cui per mandatum causa committitur».

1047—1056) hervor.[58]) Für Frankreich ergibt es sich aus einer zunächst auf die Domschule zu Toul sich beziehenden, aber von den dortigen Verhältnissen als ganz allgemeinen redenden Stelle aus der gleichzeitigen Lebensbeschreibung des Papstes Leo IX. (geb. 1002, gest. 1054), die auch insofern wichtig ist, als sie zeigt, dafs der Rechtsunterricht an das Ende des Trivium fiel.[59]) Zur Unterstützung dient, dafs im 11. und sogar schon im 10. Jahrh. auch zu Angers Rechtsunterricht ertheilt worden zu sein scheint.[60]) In der zweiten Hälfte des 11. Jahrh. war ein gewisser Robert Decan der Domkirche zu Angers, der diese seine Stellung seiner Kenntnifs des Civilrechtes verdankte.[61])

Seit der Mitte des 11. Jahrh. nahmen die Wissenschaften in Frankreich einen neuen mächtigen Aufschwung. Der Anstofs dazu ging vornehmlich aus von der Klosterschule zu Bec in der Normandie und von ihrem Begründer, dem Lombarden Lanfrancus, dessen glänzende Lehrthätigkeit ihr rasch einen aufserordentlichen, weit über die

---

58) Vgl. Vita Lanfranci cap. V. (Lanfranci Opp. Lut. Paris. 1648. p. 6); Wiponis Tetral. vers. 190 seqq. (Mon. Germ. hist. SS. XI. p. 251); Dümmler, Anselm d. Peripat. bes. S. 17 Z. 9 ff., S. 40 Z. 32 ff. S. meine Rede: Zur Geschichte der Rechtswissenschaft am Anfange des M. A. (Halle 1875) S. 9, 22 fg.

59) Vita S. Leonis IX. papae lib. I. cap. IV. (Mabillon, Acta Sanctor. ord. S. Bened. Saec. VI. p. II. p. 55): — — «Bruno insistebat literarum gymnasio. — — Nempe, ut primum competit rudibus, decurso artium trivio non solum claruerunt prosa et metro, verum et forenses controversias acuto et vivaci oculo mentis deprehensas expediebant seu removebant sedulo. Denique quadruvium naturali ingenio vestigantes degustarunt atque non minimum in ipso quoque valuerunt».

60) Hist. litér. t. VII. p. 61, t. IX. p. 217.

61) Marbodus in Epitaphio Roberti decani (Carm. var. post Hildeberti Opp. lab. et stud. Ant. Beaugendre. Par. 1708. p. 1621):

Actio causarum, civilis dictio iuris,
In quibus ingenio vixerat et studio,
Roberto curam dederunt nomenque decani,
Ut fratrum clypeus lingua diserta foret.

Marbodus war von 1067—1081 Vorsteher der Schulen zu Angers, seit 1096 Bischof zu Rennes; er starb 1123.

Grenzen Frankreichs hinausreichenden Ruhm verschaffte. Insbesondere wird das bessere Latein und überhaupt die ganze nach Form wie Inhalt ungleich bessere Darstellungsweise, der man von jetzt an bei den französischen Schriftstellern begegnet, schon von den Zeitgenossen auf den Einfluſs des Lanfrancus zurückgeführt.[62] Dieser war aber ursprünglich Jurist und nach einer nicht unglaubhaften Nachricht in seiner Heimat Lehrer des römischen Rechtes gewesen.[63] Man darf daher ohne weiteres annehmen, daſs auch die Rechtsstudien in Frankreich durch ihn eine neue, kräftige Anregung erhielten.[64] Ja es ist sogar sehr wahrscheinlich, daſs er selbst in Bec das Recht lehrte, nicht bloſs nach allgemeinen Vermuthungsgründen, sondern auch weil sein Schüler Ivo von Chartres eine bedeutende Rechtskenntniſs besaſs.[65] Auch kommt in Betracht, daſs der Abt Theobaldus von Bec, als er 1138 Erzbischof zu

---

62) Hist. litér. t. VII. p. 74, 76, t. VIII. p. 262.

63) Die Rechtskenntniſs des Lanfrancus erhellt aus der Vita Lanfr. c. V. (s. Anm. 58) und aus den Expositiones zum Liber Papiensis: s. Boretius praef. ad Lib. Pap. §. 86 (Mon. Germ. hist. Legg. IV. p. XCV seq.). S. auch Jahrbuch des gem. deut. Rechts von Bekker und Muther II. S. 475. Für seine Wirksamkeit als Lehrer des römischen Rechtes spricht das ausdrückliche Zeugniſs des Robertus de Monte, welcher dem Kloster zu Bec von 1128—1154 angehörte, in seiner 1150 begonnenen Chronik: Mon. Germ. hist. SS. VI. p. 478 ad ann. 1032 (auch abgedruckt bei Savigny IV. S. 10). Zwar wird der Werth dieses Zeugnisses durch Beimischung falscher Umstände geschwächt; allein, soweit es sich nur auf die Lehrthätigkeit des Lanfrancus bezieht, erhält es eine bedeutende Unterstützung durch die Angabe des Chronicon Beccense (Lanfr. Opp. Append. p. 2), Lanfrancus habe sich eigens, um die Wissenschaft zu lehren, nach der Normandie begeben, und durch die von Robertus de Monte l. c. bestätigte Erzählung in der Vita Lanfr. c. I. (p. 2), er sei mit einer Anzahl namhafter Scholaren nach der Normandie gekommen und habe schon vor seinem Eintritt in das Kloster zu Bec einige Zeit in Avranches gelehrt («Et pertransiens Franciam quam plures magni nominis scholares secum habens in Normanniam pervenit et in Abrincatensi civitate demoratus per aliquod tempus docuit»). Vgl. Hist. litér. t. VII. p. 151, t. VIII. p. 261.

64) Dieses nehmen auch die Verfasser der Histoire litéraire t. VII. p. 152 an.

65) Schon von Savigny I. S. 466 not. d wird es aus diesem Grunde für nicht unwahrscheinlich erklärt.

Canterbury wurde, zuerst die Justinianischen Gesetzbücher nach England gebracht haben soll.[66])

Wie immer dem sei, jedenfalls wurde seit dem Ende des 11. Jahrh. das Studium des römischen Rechtes in Frankreich sehr lebhaft und eifrig betrieben, wozu das anfeuernde Beispiel Italiens und der neu erblühten Bologneser Rechtsschule nicht wenig beigetragen haben mag. Daneben reizte die Aussicht auf Ehre und Geld, die mit dem Besitze der Rechtskenntnifs verbunden war. Namentlich die Mönche und Cleriker, zur Zeit noch fast die alleinigen Träger der Bildung und Wissenschaft, gaben sich jetzt in grofser Anzahl dem Studium des römischen Rechtes hin, und schon im ersten Drittel des 12. Jahrh. nahmen diese weltlichen Studien eine solche Ausdehnung, dafs die Besorgnifs einer Beeinträchtigung des geistlichen Berufes und der kirchlichen Interessen entstand und daher durch das Concil von Reims im J. 1131 den Mönchen und regulirten Canonikern das Studium des römischen Rechtes (nebst demjenigen der Medicin) gänzlich verboten wurde. Dieses Verbot wurde 1139 durch das zweite Lateranische Concil, 1163 durch dasjenige zu Tours erneuert.[67])

Wendet man sich nach diesem geschichtlichen Ueberblicke zu dem Brachylogus zurück, so wird sein Ursprung aus einer französischen Schule gewifs nicht mehr als etwas unmögliches oder auch nur unwahrscheinliches sich darstellen können, zumal da er selbst seine Entstehung auf einer Schule, wo auch Grammatik, Rhetorik und Dialektik gelehrt wurden, sattsam verräth.[68]) Nur auf den Nachweis

66) Joannes Saresberiensis Polycrat. VIII. c. 22 (Opp. ed. Giles. Oxon. 1848. Vol. IV. p. 357); Hist. litér. t. IX. p. 218.

67) Hist. litér. t. IX. p. 218 s., Savigny III. S. 363 fg., Henri Martin, Histoire de France t. III. (4. éd. Par. 1855) p. 566 not. 1.

68) S. oben S. 10.

wird es noch ankommen, daſs auch die Versetzung gerade nach Orléans der geschichtlichen Wahrscheinlichkeit nicht widerstreitet.

Für die Zeit vor Karl d. Gr. fehlt es über die Schulen zu Orléans an Nachrichten. Zwar haben manche französische Schriftsteller das Dasein einer dortigen blühenden Schule im 6. Jahrh. aus dem Berichte Gregor's von Tours (Hist. Franc. VIII, 1) folgern wollen, daſs König Guntram bei seinem Einzuge in Orléans im J. 585 von einer groſsen Menschenmenge in syrischer, lateinischer und hebräischer Sprache begrüſst worden sei;[69]) allein aus diesem Berichte geht in der That nur so viel hervor, daſs sich bei der Begrüſsung Angehörige verschiedener Nationen, Lateiner, Syrer und Juden, betheiligten.[70]) Nichtsdestoweniger ist gewiſs, daſs damals auch in Orléans eine Schule des höheren Unterrichtes bestand, weil eine solche überhaupt mit jeder Domkirche verbunden war.

Zur Zeit Karl's d. Gr. gab es im Bisthum Orléans vier Hauptschulen, wovon sich zwei in der Stadt selbst befanden. Wir wissen dies aus cap. 19 der um 797 erlassenen Capitula des oben schon genannten Bischofs Theodulf, welcher selbst eifrig um Hebung des Unterrichtswesens bemüht war.[71])

Im 11. Jahrh. genossen die Schulen in Orléans eines groſsen und weitverbreiteten Rufes. Sie zogen von allen Seiten her Wiſsbegierige an sich, und viele bedeutende Gelehrte und Lehrer verdankten ihnen ihre Ausbildung. Auch wurde damals in Orléans schon öffentlicher Unterricht gegen Bezahlung ertheilt.[72])

---

69) So z. B. Le Maire, Histoire et Antiquitez de la ville et duché d'Orléans. 2. éd. Orléans 1648. Vol. I. p. 333.

70) So Ozanam p. 483, 564. Die Verfasser der Histoire litéraire de la France t. II. p. 23 erklären die Stelle mittels der Annahme, daſs die Juden zu Orléans der hebräischen und der syrischen Sprache kundig gewesen seien.

71) Migne, Patrolog. CV. col. 196. Vgl. Hist. litér. t. IV. p. 12 s.

72) Hist. litér. t. VII. p. 100 s. Aus den vielen Belegen will ich nur zwei, den einen auf den Anfang, den anderen auf das Ende des 11. Jahrh. bezüglich, herausheben. Gegen 1022 war ein Cleriker Herbert aus der Nor-

Dafs an diesen Schulen in Verbindung mit den übrigen Wissenschaften auch das Recht gelehrt wurde, läfst sich im Hinblick auf die nachgewiesene Allgemeinheit dieser Einrichtung von vornherein nicht bezweifeln. Für die Zeit Karl's d. Gr. wird es aber noch ausdrücklich bekundet durch das bereits (S. 29) erwähnte Gedicht Theodulf's über die sieben freien Künste; denn dem Bilde, welches hier von dem höheren Unterrichte entworfen wird, mufsten doch vor allen anderen die von Theodulf selbst geleiteten höheren Schulen seines eigenen Bisthums entsprechen. Auch ist nicht ohne Bedeutung, dafs die vor 838 entstandene sog. Scintilla, deren Verfasser vermuthlich Rechtslehrer war, wahrscheinlich aus der Gegend von Tours oder Orléans stammt.[73])

Hiezu tritt nun aber schliefslich noch das überaus gewichtige Zeugnifs der Bulle Clemens' V. vom 27. Januar 1305, welche dem «Studium» zu Orléans die Privilegien einer Universität verlieh, dafs gerade das Rechtsstudium, namentlich dasjenige des Civilrechtes, in Orléans von Alters her («ab antiquo») geblüht habe. Diesem Zeugnisse mufs um so gröfsere Bedeutung beigelegt werden, als der

---

mandie der Studien halber nach Orléans gekommen, hatte dort bei zwei berühmten, aber ketzerischen Lehrern gehört und suchte nun, nach Hause zurückgekehrt, seinen Herrn Arefast zu der gleichen Ketzerei zu bekehren «testificans Aurelianum urbem prae ceteris urbibus coruscare luce sapientiae atque sanctitatis lampade»: Gesta Synodi Aurelianensis a. 1022 adv. novos manichaeos bei Bouquet, Recueil des historiens des Gaules et de la France tom. X. p. 536. S. über diese Ketzerei Martin, Hist. de France t. III. p. 53 ss. Das Ansehen der Schulen zu Orléans im letzten Drittel des Jahrhunderts aber erhellt aus folgendem sinnigen Epitaphium des Marbodus für seinen Neffen Robert, der von Angers des Studiums wegen nach Orléans gegangen, dort aber ertrunken war: Marbodi carm. var. post Hildeberti Opp. p. 1621:

Nutriit Andegavis quem perdidit Aurelianis,
Illa sibi mater, ista noverca fuit.
Heu Roberte puer votis excepte tuorum,
Quam male, care nepos, est tua victa sitis!
Doctrinam sitiens Ligerim miserande bibisti;
Potet te Christus fonte perennis aquae.

73) Haenel, Lex Rom. Visigoth. p. XXVII.

Papst noch beifügt, dafs er selbst früher dort zum Lehrer des römischen Rechtes ausgebildet worden sei, — ein Beweis, dafs er persönlich an Ort und Stelle die Verhältnisse kennen gelernt hatte.[74] Zudem erhält es eine sehr starke Beglaubigung dadurch, dafs die Universität zu Orléans vermöge ihrer Stiftungsurkunde blofs Rechtsschule war und dieses auch in der Folge blieb.[75] Auch braucht man den Ausdruck «ab antiquo» durchaus nicht engherzig zu nehmen; denn in der Merovingerzeit war Orléans über hundert Jahre lang (511—613) die Hauptstadt eines Königreiches, zu dem hauptsächlich die südlichen Striche Frankreichs, also die Hauptgebiete des römischen Rechtes, gehörten, so dafs gerade hier frühzeitig das Bedürfnifs entstehen mufste, sich mit dem Studium dieses Rechtes zu beschäftigen und es auf den Schulen zu lehren. Ueberdies zeigen die früher (S. 25) schon erwähnten Nachrichten Gregor's von Tours über Celsus und Andarchius, dafs es am Ende des 6. Jahrh. im Königreich Orléans Personen gab, die sich eine nähere Kenntnifs des römischen Rechtes verschafft hatten und vornehmlich wohl dieser hohe und einflufsreiche Stellungen verdankten.

Dem allem zufolge hat die Annahme, dafs der Brachylogus in Orléans entstanden sei, nicht allein die Vermuthung nicht gegen sich, sondern sie mufs sich vielmehr im Gegentheil, wenn einmal das Werk nach Frankreich zu versetzen ist, von vornherein, und noch ganz abgesehen von den

---

74) Die Urkunde ist abgedruckt bei Le Maire, Hist. et antiq. de la ville et duché d'Orléans. Vol. I. p. 345—347. Die hierher bezügliche Stelle lautet: «Cum igitur in Aurelianensi civitate literarum studium in utroque iure *ac praesertim civili* laudabiliter viguerit *ab antiquo* et ad praesens Domino favente refloreat, nos ipsum Aurelianense studium, quod nos olim essentiam minoris status habentes legendi et docendi in legibus scientia decoravit» etc. Entsprechend äufsert sich auch die Bestätigungsurkunde Philipp's des Schönen vom Juli 1312 (Ordonnances des Roys de France de la troisième race. Vol. I. p. 501 ss.): «Sane dum inter cives Aurelianensis civitatis, in qua — — sub alis progenitorum nostrorum et nostris liberalium artium, praecipue iuris canonici studium et *civilis*, noscitur floruisse» etc.

75) S. Anm. 74 und Le Maire p. 358, 359; Savigny III. S. 401.

dafür zeugenden positiven Gründen, durch einen hohen Grad von Wahrscheinlichkeit empfehlen.

Erst jetzt nach der Feststellung der Heimat des Werkes kann an die Frage nach seinem Alter herangegangen werden.

Als Anhalt bietet sich hier vor allen Dingen das Alter der Handschriften. Da die beiden Cueser Handschriften der ersten Hälfte, die Wiener der Mitte des 12. Jahrh. angehören, so mufs das Werk in den ersten Zeiten des 12. Jahrh. vorhanden gewesen sein. Dabei deuten aber schon gewisse äufsere Rücksichten auf eine im Vergleiche selbst zu den Cueser Handschriften erheblich frühere Entstehungszeit. Nämlich erstens der Umstand, dafs der Cueser Brachylogus und in Br. II, 12 sogar der Cueser Auszug, wiewohl er auf einer der ältesten Recensionen des Werkes zu beruhen scheint, Partieen enthalten, die man als spätere Nachträge betrachten mufs (S. 13 fg.), zweitens das Auftreten ursprünglicher Glossen im Texte des Auszuges (S. 12): beides, wie mir dünkt, Beweise, dafs zur Zeit, als das Cueser Bruchstück geschrieben und der Cueser Auszug gemacht wurde, das Werk bereits in längerem Gebrauche gestanden hatte.

Die schon hieraus fliefsende Vermuthung, dafs der Brachylogus spätestens in den letzten Zeiten des 11. oder in den ersten des 12. Jahrh. verfafst sein könne, wird unterstützt durch den Mangel jeder Spur eines Einflusses der Glossatorenschule, der sich doch gewifs sehr bald auch auf den französischen Schulen fühlbar machen mufste. Die Citate aus dem Corpus iuris geschehen in der vorbolognesischen Form, und zwar aus den Digesten mittels blofser Angabe der Titelrubrik, aus dem Codex mittels Nennung der Zahl des Buches und der Titelrubrik.[76]) In

---

[76]) Br. II, 11 §. 8: «facile est intelligere ex digestorum libris titulo quibus ex causis maiores in integrum restituantur». Br. IV, 17 §. 4: «adversari

den Glossen fehlen solche Citate gänzlich. Endlich sind die Novellen nur nach dem Julianischen Auszuge und nicht nach dem Authenticum benutzt.[77]) Das letztere kam aber ohne Zweifel von Bologna aus frühzeitig auch in den nichtitalienischen Schulen in Gebrauch; und daſs es namentlich in Frankreich schon am Anfange des 12. Jahrh. den Julianischen Auszug verdrängte, darf man mit einiger Wahrscheinlichkeit aus seiner ausschlieſslichen Benutzung in dem Polycraticus des Johannes von Salisbury folgern, welcher von 1136—1148 in Paris studirte und daher seine Kenntniſs des römischen Rechtes wohl den dortigen Schulen verdankte.[78])

Auf der anderen Seite kann der Brachylogus wegen der Bezugnahme auf eine Stelle der Pseudo-Isidorischen Decretalen in IV, 4 §. 18 (s. Anm. 28) jedenfalls nicht älter sein als diese Sammlung. Die Interlinearglosse, welche mit der Erwähnung von Carnotum und Normannia die hauptsächlichste Grundlage für die Ortsbestimmung gewesen ist (S. 16), kann sogar nicht vor dem 10. Jahrh. entstanden sein, weil der Name Normandie erst seit der Abtretung dieses Gebietes an die Normannen im J. 912 aufkam. Man wird aber das Werk aus verschiedenen zusammentreffenden Gründen sogar noch für bedeutend jünger halten müssen.

---

videtur lex posita in primo libro codicis titulo de legibus et constitutionibus». Vgl. meine Ausgabe der Glosse zu den Exceptiones LL. Rom. des Petrus (Halle 1874) S. 18 ff. und meine Jurist. Schriften des früheren M. A. S. 67.

77) Diese von Bethmann-Hollweg, Der germ.-rom. Civilproceſs im M. A. II. S. 326 fg. bezweifelte Thatsache wird mit voller Sicherheit erwiesen durch ein ausdrückliches Citat und mehrere wörtlich aus Julian entnommene Stellen. Vgl. Br. IV, 33 §. 6: «quod autem contra omnium iudicum sententias possit appellari, Iustiniani imperatoris novella constitutio ostendit *titulo de appellationibus et retractatione* (= Iul. LXXVI, 13): Omnes iudices porrectas provocationes suscipiant, nisi sit praefectus praetorio». S. ferner Br. IV, 33 §. 7, IV, 34; Böcking p. CXX.

78) S. Schaarschmidt, Johannes Saresberiensis S. 11 ff., bes. S. 18. Die Annahme Savigny's IV. S. 432, daſs in dem Polycraticus auch Julian benutzt sei, beruht bloſs auf einer irrthümlichen Folgerung aus dem Citate: «Item Iustinianus *novella*» in Polycr. VII, 20. Der auf das Citat folgende Wortlaut der Stelle setzt die Entlehnung aus dem Authenticum auſser Zweifel. — Man vergleiche übrigens zu den Ausführungen des Textes Savigny II. S. 144 fg.

Erstens wegen der Bezugnahme auf das longobardische Capitulare in der vorhin schon erwähnten Stelle (s. S. 18). Allerdings scheint schon im J. 750 eine Sammlung der in den Edictus nicht aufgenommenen Constitutionen unter dem Namen «Capitulare», und zwar, wie im Liber Papiensis, als Anhang des Edictus, bestanden zu haben,[79]) und Spuren des Daseins eines solchen «Capitulare» im 9. und 10. Jahrh. hat Ficker aufgewiesen.[80]) Demnach ist der Schlufs, dafs bei dem Ausdrucke: «capitulare legis Longobardicae» oder «cap. Longobardiae» gerade an das Papienser Rechtsbuch zu denken sei, selbst nur als Wahrscheinlichkeitsschlufs an und für sich schwerlich statthaft. Allein es läfst sich doch kaum vermuthen, dafs das longobardische Recht auf einer Schule Frankreichs, und zumal des nördlichen Frankreichs, früher eine Beachtung gefunden haben sollte, als bis es durch die Schule zu Pavia einen gewissen Ruf erlangt hatte und diese Schule auch von Frankreich aus zum Zwecke des Rechtsstudiums besucht wurde. Beides aber kann füglich nicht früher als in der zweiten Hälfte des 11. Jahrh. angenommen werden.[81]) Auch liegt die Vermuthung nicht ferne, dafs in Nordfrankreich erst Lanfrancus die Aufmerksamkeit auf die Papienser Schule gelenkt haben möchte.

Auf die Zeit nach der Mitte des 11. Jahrh. weist aber zweitens auch die vorwiegende Berücksichtigung des Justinianischen Rechtes und namentlich die genaue Bekanntschaft mit den Pandekten hin, die, wie Br. I, 15 §. 7, II, 11 §. 8 in f.

---

79) Aistulfi prol. de anno primo (Mon. Germ. hist. Legg. IV. p. 195): — — «previdimus enim ut, cum edictus Langobardorum antiquorum regum precessorum nostrorum fuerat institutus, paruit *in eius volumine adaugeri* et in *capitulare* affigere die Kalendarum Martiarum». Vgl. Boretius praef. ad Libr. Papiens. §. 22 (ibid. p. LXII.) und Boretius, Die Capitularien im Langobardenreich S. 12 fg.

80) Ueb. Zeit u. Ort der Entstehung des Brachyl. (s. Anm. 33) S. 57 (635) ff.

81) Bei Dümmler, Anselm der Peripatetiker S. 11 Anm. 3 finde ich, dafs ein Mönch von St. Victor in Marseille um 1070 in Pavia das Recht studirte, «quia per totam fere Italiam scholares et maxime Provinciales, necnon ipsius ordinis de quo sum quia plures legibus catervatim studium adhibentes incessanter conspicio» etc. Dümmler citirt: Martene et Durand Collectio ampliss. I, 470, angef. von Affò II, 24.

und IV, 33 §. 20 beweisen, dem Verfasser des Brachylogus in allen ihren Theilen (Digestum vetus, Infortiatum und Dig. novum) vorlagen.

Zwar finden sich in Frankreich sichere Spuren der Kenntnifs des Justinianischen Rechtes und seiner Berücksichtigung neben dem Breviar schon seit dem 9. Jahrh.[82]) Allein bis zur zweiten Hälfte des 11. Jahrh. sind dieselben immerhin nur sehr dürftig und beschränken sich meist auf die Benutzung des Julianischen Novellenauszuges. Was insbesondere die Pandekten anlangt, so waren sie überhaupt bis zur Mitte des 11. Jahrh. sehr wenig bekannt und benutzt. Denn als sicherer Beweis ihrer Bekanntschaft läfst sich aus früherer Zeit in der That nur die im 9. Jahrh. gemachte Berliner Pandektenhandschrift[83]) und wohl auch die Aufzählung eines «Liber Pandectarum» in dem Handschriftenverzeichnisse von Bobbio aus dem 10. Jahrh. anführen.[84]) Alle übrigen Spuren, welche Savigny hie und da zu finden glaubte, erweisen sich bei näherer Untersuchung als trügerisch oder doch mindestens als völlig unzuverlässig.[85]) Noch in den um 1070 entstandenen Expositiones zum Liber Papiensis ist die Berücksichtigung der Digesten eine sehr spärliche,[86]) und in der 1080 zu

---

[82]) Savigny II. S. 98, 99, 100, 104, 106, 279, 281, 294, 295.

[83]) Th. Mommsen, Digesta p. XXXXIIII. seq.

[84]) Savigny II. S. 239.

[85]) So hat eine spätere Untersuchung ergeben, dafs die bei Savigny II. S. 226 erwähnte, von Muratori in das J. 752 gesetzte Streitschrift, welche mehrere Stellen des Codex und zwei Digestenstellen enthält, in Wahrheit erst dem 12. Jahrh. angehört: Savigny VII. S. 66 ff. Die Stellen des Isidor, worin Savigny II. S. 75 eine Benutzung der Digesten erblickt, sind nach meinem Urtheil aus anderen Quellen geschöpft. (S. auch Mommsen, Dig. p. XXXXII. und meine Jurist. Schriften des früheren M. A. S. 24, 41.) Ganz unsicher wenigstens ist endlich die Benutzung der Digesten in den langobardischen Quaestiones ac monita (Savigny II. S. 244 ff.) sowie an den bei Savigny I. S. 467, II. S. 279 genannten Stellen; und selbst die bei Savigny II. S. 85 not. d abgedruckte, allerdings merkwürdige Stelle der Lex Baiwariorum scheint mir keinen sicheren Schlufs zu gestatten. (So auch Stobbe, Gesch. der deut. Rechtsquellen I. S. 168 Note 57.) Vgl. noch Mommsen, Dig. p. XIII.

[86]) Boretius in praef. ad Libr. Papiens. §. 70 (Mon. Germ. hist. Legg. IV. p. LXXXIX.).

Ravenna verfafsten Anklageschrift des Petrus Crassus sind sie nur Einmal, und zwar blofs aus Versehen anstatt des Codex, citirt.[87])

In Frankreich findet sich die älteste der Zeit nach genauer bestimmbare, dabei aber schon recht starke Benutzung der Pandekten in den Schriften Ivo's, Bischofs zu Chartres seit 1090, gest. 1115, eines Schülers des Lanfrancus zu Bec.[88]) Man wird daher vermuthen dürfen, dafs Lanfrancus das Rechtsbuch nach Frankreich gebracht und auf sein Studium hingewiesen habe.

Sonach wird die Abfassung des Brachylogus, der schon eine tüchtige Kenntnifs der Pandekten verräth, sogar kaum früher als in die letzten Zeiten des 11. Jahrh. gesetzt werden können. Und das gilt auch von derjenigen Recension, welche dem Cueser Auszuge zu Grunde lag, weil sie bereits (Br. II, 11 §. 8) eine ausdrückliche Verweisung auf die Digesten enthielt.

Gegen diese Zeitbestimmung darf man keinen Gegengrund in der Nichtberücksichtigung des Lehnrechtes erblicken.[89]) Denn da Orléans, die muthmafsliche Heimat des Werkes, im Gebiete des droit coutumier lag, wo das römische Recht keine unmittelbar praktische, sondern nur eine wissenschaftliche und propädeutische Bedeutung hatte,[90])

87) Maafsen, Ueber eine Sammlung Gregor's I. Wien 1877. (Bes. Abdruck aus dem Januarhefte des Jahrg. 1877 der Sitzungsberichte der phil.-hist. Cl. der Wiener Akad. Bd. LXXXV. S. 227 ff.) S. 10 (234).

88) Savigny II. S. 303 ff., bes. S. 309, 317, Mommsen, Dig. Vol. II. p. 41* seqq., wo auch nachgewiesen ist, dafs die sog. Tripertita (Savigny II. S. 301) und die sog. Caesaraugustana (Savigny II. S. 299) muthmafslich aus Ivo geschöpft haben.

89) Böcking p. CXVI., meine Schrift über die Turiner Glosse und den Brachylogus S. 51.

90) Man vergleiche den Eingang der Anm. 74 angeführten Urkunde Philipp's des Schönen, wonach selbst im Gebiete des droit écrit dem römischen Rechte nicht eine unmittelbar gesetzliche, sondern nur eine gewohnheitsrechtliche Geltung zugeschrieben wurde. Dieses dürfte nicht allein manche eigenthümliche Sätze des Brachylogus (meine genannte Schrift S. 72 ff.) erklären, sondern auch den an sich auffallenden Umstand begreiflich machen, dafs man schon frühzeitig neben der westgothischen Lex Romana noch andere Quellen des römischen Rechtes benutzte. S. Anm. 52.

so kann die Aufserachtlassung eines geltenden, aber dem römischen Rechte fremden Institutes nicht auffallen.

Wohl aber wird die Annahme, dafs der Brachylogus um die Wende des 11. und 12. Jahrh. entstanden sei, noch durch zweierlei gewichtige und, wie mir scheint, ausschlaggebende Erwägungen unterstützt. Erstens durch die Rücksicht auf die Güte und Klarheit der Darstellung und die verhältnifsmäfsige Reinheit der Sprache, — Eigenschaften, welche früher als gegen den Ausgang des 11. Jahrh. in Frankreich kaum anzutreffen sind, um diese Zeit aber nichts besonders auffallendes mehr haben.[91]) Zweitens und vornehmlich aber durch die Beobachtung, dafs man gerade in den am Ende des 11. Jahrh. in Frankreich entstandenen Rechtssammlungen, und, so viel ich sehe, nur in ihnen, auf die Berücksichtigung ganz derselben Quellen stöfst, die im Brachylogus benutzt sind: nämlich auf der einen Seite des Breviars, auf der anderen auch der Justinianischen Gesetzbücher, und zwar der Institutionen, der Digesten, des Codex und der Novellen nach Julian.[92])

Demnach erscheint schliefslich als das Gesammtergebnifs der ganzen Untersuchung, dafs der Brachylogus sicher aus Frankreich stammt und dort längere Zeit an Schulen, darunter jedenfalls an einer Schule in oder bei Orléans, zum juristischen Anfangsunterrichte gebraucht und

[91]) Vgl. Hist. litér. t. VII. p. 76, 77; Ampère, Hist. litér. de la France avant le douz. siècle t. III. p. 457 ss.; Henri Martin, Hist. de France t. III. p. 303. Dieser höchst zuverlässige Schriftsteller bemerkt unter anderem folgendes: «La littérature savante — — est dans tout son éclat dès le commencement du douzième siècle. — — L'érudition est faible, — — mais il y a progrès littéraire, progrès dans le goût. Un certain nombre d'écrivains font effort pour se dégager de la rouille barbare, et arrivent à la correction, au moins relative, à la clarté, sinon à la belle latinité».

[92]) So in dem Decret und der Pannormia des Ivo, wie auch in seinen Briefen (Savigny II. S. 309, 317); ferner in der sog. Tripertita (Savigny II. S. 302 fg.).

glossirt worden ist, dafs er aber wahrscheinlich selbst in Orléans verfafst, und dafs als seine Entstehungszeit das Ende des 11. oder der Anfang des 12. Jahrhunderts zu betrachten ist.

Hiemit wären denn die literarischen Spuren der Schule zu Orléans, welche Savigny vermifst,[93] die aber neuerdings für das 13. Jahrhundert mehrfach nachgewiesen sind,[94] auch schon für eine bedeutend ältere Zeit gefunden, und zwar in einer Weise, welche dieser Schule sicherlich nicht zur Unehre gereicht.

---

93) Geschichte des röm. Rechts III. S. 402 not. d.

94) Vgl. Rapetti, Li livres de Jostice et de Plet (Paris 1850) p. XXXI ss., Paul Viollet, Les sources des Établissements de Saint Louis (Paris 1877) p. 98.

Druck von Kerskes & Hohmann in Berlin.

FSC
www.fsc.org
MIX
Papier | Fördert
gute Waldnutzung
FSC® C083411

Kolibri 360 GmbH
Ferdinand-Jühlke-Straße 7
99095 Erfurt, Deutschland
produktsicherheit@kolibri360.de